国家社会科学基金项目（12CJY084）

我国对外直接投资的贸易效应及政策研究

胡 兵 乔 晶 著

科 学 出 版 社
北 京

内 容 简 介

本书针对我国对外直接投资自21世纪以来迅速增长的事实，以及我国贸易发展已经取得的成就和面临的问题，从对外直接投资的贸易效应角度切入，尝试探寻和揭示我国对外直接投资的迅速增长如何影响我国出口贸易的数量扩张与质量提升，同时结合对外直接投资先行国家的经验和启示，针对性地剖析和诠释新阶段我国对外直接投资的战略选择及其政策安排。

本书主题明确、思路清晰、资料翔实、方法科学、论证有力，可供贸易经济、产业经济、区域经济等相关专业的研究人员、教师、研究生，以及政府相关职能部门的管理人员阅读，也可作为高等院校相关专业的教学参考书。

图书在版编目（CIP）数据

我国对外直接投资的贸易效应及政策研究/胡兵，乔晶著. —北京：科学出版社，2019.10

ISBN 978-7-03-062251-8

Ⅰ. ①我… Ⅱ. ①胡… ②乔… Ⅲ. ①对外投资-直接投资-研究-中国 Ⅳ. ①F832.6

中国版本图书馆CIP数据核字（2019）第190850号

责任编辑：杨婵娟 吴春花 / 责任校对：王晓茜
责任印制：徐晓晨 / 封面设计：无极书装
编辑部电话：010-64035853
E-mail:houjunlin@mail.sciencep.com

科学出版社出版
北京东黄城根北街16号
邮政编码：100717
http://www.sciencep.com

北京虎彩文化传播有限公司 印刷

科学出版社发行 各地新华书店经销

*

2019年10月第 一 版 开本：720×1000 B5
2020年 4 月第二次印刷 印张：12 1/4
字数：200 000

定价：78.00元

（如有印装质量问题，我社负责调换）

前　言

随着我国发展阶段的变化，尤其是在经济步入新常态、“一带一路”倡议提出等背景下，如何通过对外直接投资（outward foreign direct investment，OFDI）在更高层次参与国际合作和竞争，缓解出口贸易面临的诸多外部干扰和不确定性，稳步提升我国的话语权和开放收益，推动我国经济的动力转换、结构优化和长期增长，已经成为社会持续关注的重大热点之一。作为多年来吸引外商直接投资（foreign direct investment，FDI）最大的发展中国家，我国在进入21世纪后却频繁以对外直接投资者的身份活跃于国际舞台，“中国收购世界”的新闻在各类报道中被广泛提及，然而，对外直接投资如何影响我国（出口）贸易发展？怎样协调两者以实现我国由贸易大国向贸易投资大国转变？这些问题的答案不仅具有较大的学术价值，也具有极为丰富的政策内涵。本书针对我国对外直接投资自21世纪以来迅速增长的事实，以及我国贸易发展已经取得的成就和面临的问题，基于现有相关理论和文献，从对外直接投资的贸易效应视角切入，尝试探寻和揭示我国对外直接投资的迅速增长如何影响我国出口贸易的数量扩张和质量提升，同时结合对外直接投资先行国家的经验和启示，针对性地剖析和诠释新阶段我国对外直接投资的战略选择及政策安排，以期为相关宏观经济决策提供依据和参考。本书研究的意义体现在：①有利于推动基于日益活跃的中国对外直接投资实践的企业国际化理论和战略研究；②有利于廓清和促进关于我国对外直接投资与国际贸易关系的认识及理解；③为我国对外直接投资和贸易的相关决策提供智力支持。

本书内容包括：第一章交代研究对外直接投资贸易效应的必要性，界定研究范围并对研究所使用数据做必要说明，并指出本书研究的特色与新意。第二章就对外直接投资贸易效应的相关理论和文献进行梳理与述评，为第三章至第八章的分析提供基础和参照。第三章刻画和提炼我国对外直接投资的格局和特征，总结和剖析我国出口贸易发展的成就与问题。特别地，基于双边随机前沿模型针对我国对外直接投资过度抑或是不足的问题给出分析和判断，进而指出现阶段我国对外直接投资增长迅速，在可预计的未来仍将以较快速度增长，而分析和探讨这种增长势头的（出口）贸易效应是当前需要关注的重要现实问题。第四章整合“中国工业企业数据库”和“境外投资企业（机构）名录”数据形成新的微观数据集，运用倾向得分匹配（propensity score matching，PSM）和倍差法实证研究我国对外直接投资如何影响出口规模的扩张。第五章基于“中国工业企业数据库”的出口交货值微观数据测算以出口技术复杂度定义的出口质量，进而通过一系列逻辑一致的计量分析实证检验我国对外直接投资如何影响出口质量的提升。第六章分析美国、日本两个代表性对外直接投资先行国家的相关经验与启示。第七章梳理我国对外直接投资政策体系的变迁历程，探讨新阶段我国对外直接投资政策体系面临的问题与挑战。第八章探讨我国对外直接投资战略转变的基本方向和政策调整的主要思路。第九章总结本书研究的结论，展望有待进一步研究的问题。

本书将理论和文献的演进与中国实践发展的结合作为逻辑起点和线索贯穿整个研究，通过特别强调中国典型化事实的实证分析和政策探讨以达成富有价值的相关研究结论。值得指出的是，本书较好地处理了实证部分难度很大的相关模型构建及其数据资料的收集处理、变量的定量表达、参数的估计等问题。与现有相关文献相比，本书在研究选题和视角、研究思路和方法、研究结论和政策建议等方面具有较大的创新。

本书得到国家社会科学基金项目“我国对外直接投资的贸易效应及政策研究”（12CJY084）的资助。除两位作者外，课题组成员还包括周鹏飞、古广东、刘伟、岳晓峰、任缙等，重庆师范大学涉外商贸学院的陈少林老师，以及重庆师范大学经济与管理学院的丁祥平、朱紫娟、钟寻、邹心怡等硕士研究生做了大量的调研及数据收集整理等工作。西南大学的张明副教授和涂先进博士，以及西南财经大学的邓富华博士研究生多次参与本课题的学术研讨会议，提出了许多富有价值的建议。此外，本书还得到重庆师范大学经济与管理学院、重庆师范大学科研处的诸多支持和帮助，研究过程中参阅和吸收了相关专家、学者的成果，在此一并表示衷心的感谢。

在撰写过程中，作者本着严谨的态度，运用翔实的资料和数据，尝试探讨和诠释我国对外直接投资的贸易效应及其政策体系建设，但限于学术水平，不足和疏漏之处在所难免，恳请学界同人不吝赐教。

胡　兵　乔　晶

2019 年 3 月 10 日

目　　录

前言

第一章　绪论……1

第一节　研究对外直接投资贸易效应的必要性……1

第二节　研究范围界定和数据来源说明……9

第三节　研究的特色与新意……11

第二章　理论与文献述评……14

第一节　对外直接投资与国际贸易的理论发展……14

第二节　对外直接投资的贸易效应理论……24

第三节　对外直接投资的贸易效应文献综述……32

第四节　本章小结……36

第三章　我国对外直接投资和出口贸易发展的事实与判断……38

第一节　我国对外直接投资：格局与特征……38

第二节　我国出口贸易发展：数量与质量……46

第三节　我国对外直接投资：过度抑或是不足……56

第四节　本章小结……75

第四章　我国对外直接投资的贸易效应：出口数量视角……76

第一节　问题的提出……76

第二节　研究设计……78

第三节　实证结果与分析……85

第四节　本章小结 …… 93

第五章　我国对外直接投资的贸易效应：出口质量视角 …… 95

第一节　问题的提出 …… 95

第二节　理论、文献与待检验假说 …… 98

第三节　出口质量的测算 …… 104

第四节　实证检验 …… 112

第五节　本章小结 …… 121

第六章　对外直接投资先行国家的经验和启示 …… 124

第一节　美国对外直接投资的实践和经验 …… 124

第二节　日本对外直接投资的实践和经验 …… 129

第三节　美国和日本对外直接投资经验对我国的启示 …… 134

第四节　本章小结 …… 138

第七章　我国对外直接投资的政策变迁与挑战 …… 139

第一节　我国对外直接投资政策体系的变迁历程 …… 139

第二节　我国对外直接投资政策体系面临的问题与挑战 …… 146

第三节　本章小结 …… 150

第八章　我国对外直接投资的战略方向和政策思路 …… 151

第一节　我国对外直接投资战略转变的基本方向 …… 151

第二节　我国对外直接投资政策调整的主要思路 …… 158

第三节　本章小结 …… 169

第九章　结论与展望 …… 170

第一节　研究结论 …… 170

第二节　研究展望 …… 172

参考文献 …… 175

第一章 绪 论[①]

第一节 研究对外直接投资贸易效应的必要性

一、研究的背景

（一）现实背景

出口贸易是我国改革开放最成功的领域之一。我国货物贸易总额从1978年的206.40亿美元上升到2017年的41 071.64万亿美元，其中，出口总额从1978年的97.50亿美元上升到2017年的22 633.71亿美元，在世界出口总额中所占比重由不到1%上升到12.77%。我国出口贸易的崛起是解读改革开放期间中国经济奇迹的重要视角，也在很大程度上重塑了世界经济格局，时至今日，我国出口贸易发展的内部条件和外部环境已与改革开放初期不可同日而语，对外开放进入新时期，面临着不同以往的新挑战。

第一，出口总量继续维持高速增长的空间有限。我国并非“小国经济”，作为世界第二大经济体、第一大贸易国和出口国，结合贸易的国内生产总值（GDP）占比和国际贸易贡献率两个指标来看，我国是历史上从未出现过的超级贸易巨人（Subramanian and Kessler，2013），我国未来的出口增速在长期会趋向收敛于全球整体贸易增速。图1-1绘制的我国加入世界贸易

---

① 本章涉及的原始数据来自联合国贸易和发展会议（UNCTAD）数据库、世界贸易组织（WTO）数据库，以及历年《中国统计年鉴》、《中国对外直接投资统计公报》和 *World Investment Report* 等。

组织后的年度出口增速图示直观呈现了出口增速回落的趋势。2002～2008年，我国外贸出口年均增速为 27.98%，这一速度比同期其他国家快得多，使得我国在 2003 年超越法国、2004 年超越日本、2007 年超越美国成为世界第二出口大国。2009 年因国际金融危机蔓延，我国出口下滑，降幅达 16.01%，但这一年我国超越德国成为世界第一出口大国并稳居第一至今。2010 年出口增速大幅反弹至 31.30%，随后逐年放缓；2010～2017 年出口年均增速降为 5.29%，比 2002～2008 年下降 22.69 个百分点。

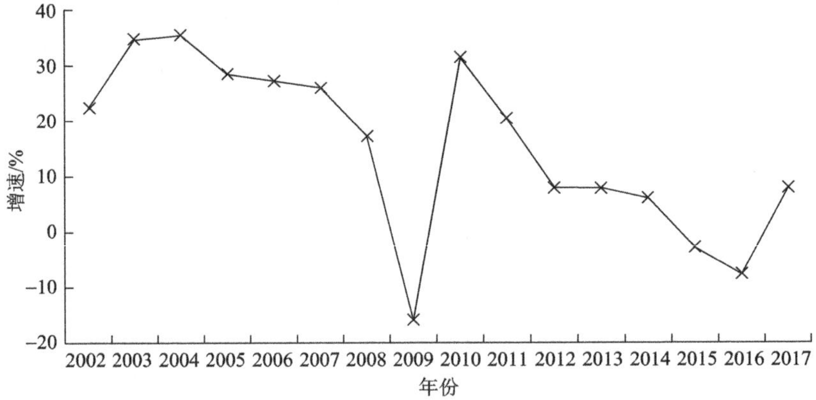

图 1-1　2002～2017 年出口增速

外贸出口增速下滑的原因有二：①与国内劳动力成本上升和资源环境压力对我国制造业的低成本竞争优势的挤压等因素相关。在 20 世纪后半叶逐渐兴起的全球价值链分工背景下，我国近乎无限供给的劳动力资源通过引进外商直接投资和发展加工贸易等途径快速融入全球生产贸易的分工体系，使得我国迅速成为制造业出口大国。在我国的出口商品中，初级产品所占份额一直很低，而工业制成品出口比重在 2007～2017 年大致稳定在 95%左右（图 1-2）。随着我国经济步入新常态，劳动力要素比较优势的禀赋基础变弱，资源、环境等压力和约束增强，我国面临着供给侧改革、增长动力转换、经济结构优化等挑战，继续寻求出口数量的高速增长将难以为继，也并非明智选择。②外部环境的变化。后金融危机时代主要发达国家经济发展趋缓，贸易保护主义时有抬头，中美贸易摩擦，甚至爆发贸易战的不确定性上升，以及全球制造业向东南亚、南亚、非洲等地的转移，使得我国劳动密集型制造业产品面临着日益激烈的国际竞争。考虑到规模因素，我国一个百分点的出口增长可能就会超过不少国家（地区）的出口总量，今后继续寻求出口数量的高速增长难度很大。随着我国出口贸易的迅速扩张，我国和其他国家的贸易摩擦问题日益凸显，并可能与相关政治议题纠结在一起而使问题复杂化。虽然我国在全球经济和贸易格局中的地位已显著提升，作为经济大国和贸易大国的特征逐渐显露，与世界经济形成的互动关系已成为影响相互决策的重要因素，但美国、欧洲等传统发达国家（地区）依然掌握着国际经贸规则制定的主导权，其主导推动的当今国际经贸规则的重构和调整，具有明显的抑制新兴经济体和发展中国家获得相应地位与影响力以维护传统利益格局的倾向，增大了未来我国出口贸易发展外部环境的不确定性。

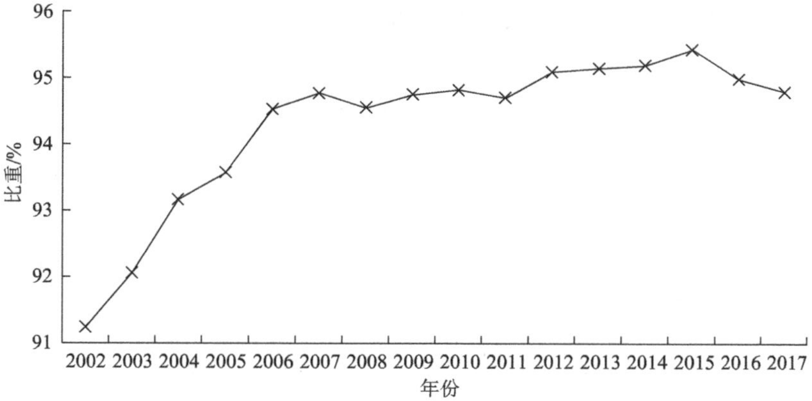

图 1-2 2002～2017 年工业制成品出口比重

第二，出口质量提升的潜力很大。伴随着出口总量的扩张进程，我国出口商品结构也从改革初期的以初级产品为主演变为以工业制成品为主（图 1-2），作为世界制造业生产和出口大国，我国出口商品的技术结构越来越类似于发达国家而非发展中国家（Hausmann et al., 2005; Rodrik, 2006; Schott，2008），高技术产品出口也展现出良好势头。然而，在修正测算方法并剥离外商投资企业及其相关的加工贸易等因素后，我国本土企业并无出口品技术进步和结构升级的显著“异常”（Lall et al.，2006；杜修立和王维国，2007；姚洋和张晔，2008；Xu，2010；陈晓华等，2011），李坤望等（2014）的研究甚至发现，由于大量低产品品质企业以价格竞争方式进入市场，加入世界贸易组织后我国出口产品质量出现了持续下滑。上述文献的分歧在一定程度上与我国出口贸易发展的模式相关。在我国以低成本劳动力等要素结合外商直接投资和加工贸易等方式，逐步“嵌入”全球价值链体系并不断向价值链高端渗透的发展模式下，我国出口总量得以不断增长的同时，出口商品结构表现出由以初级产品为主向以工业制成品为主的转变，以及由以传统的劳动密集型产品为主逐渐向出口机械类、电子类，甚至高技术产品转变的结构升级，这种转变和升级很多时候是通过不断占据更高技术产业的低技术、低创新、劳动密集型的低端生产制造与组装环节来实现的。由于缺乏核心技术，缺少具有自主知识产权的产品（Lall and Albaladejo，2004；关志雄，2002；卢锋，2004），我国出口商品的技术含量、加工深度和附加值较低，在全球价值链分工中的话语权较弱，甚至存在陷入低端锁定和比较优势陷阱的风险（杨高举和黄先海，2013）。从这个角度看，我国已经是一个贸易大国但还非贸易强国，出口产品质量和在国际市场的话语权与我国在全球的出口规模及地位很不相称，出口的强劲竞争力在很大程度上源于“以低价取胜”和“以数量取胜”，同时劳动密集型的加工贸易在一定程度上造成了出口大量高技术产品的“统计假象”（盛斌，2015）。虽然我国出口规模已经位居世界第一，但出口质量提升的潜力很大，随着国际国内形势的新变化，特别是在我国经济步入新常态背景下，更多地依靠自主创新提升企业技术水平和产品质量已成为当前亟待破解的难题。

外商直接投资及其相关的加工贸易在我国出口贸易发展历程中扮演着重要角色，也在客观上带动了我国制造业产品沿生产价值链向上攀登，但外商直接投资的本质是逐利而非培育我国企业成为其国际竞争对手。我国本土企业通过与在华外商投资企业合作从而融入世界生产和分工网络，并不断攀升至技术与质量阶梯的更高位次，但难以突破全球价值链高技术、高附加值核心环节的“天花板”，甚至可能被俘获并锁定在获利甚微的价值链低端环节。作为发展中的贸易大国，将出口产品的技术升级寄托于外商投资企业，可能会陷入“依附经济”和“贫困化增长”的境地（Humphrey and Schmitz，2000；Kaplinsky，2001；刘志彪和张杰，2009）。

与外商直接投资相对应的国际资本流动的另一个维度是对外直接投资，其是我国企业除了出口之外“走出去”参与国际竞争的另一种形式。

早在改革开放初期的1979年，国务院即提出出国办企业，我国企业开始尝试性对外直接投资。1992年，十四大报告提出，要“积极扩大我国企业的对外投资和跨国经营”。1997年12月江泽民明确指出，我们不仅要积极吸引外国企业到中国投资办厂，也要积极引导和组织国内有实力的企业走出去，到国外去投资办厂，利用当地的市场和资源。“引进来”和“走出去”，是我们对外开放基本国策两个紧密联系、相互促进的方面，缺一不可（江泽民，2006）。2002年，十六大报告提出，坚持“引进来”和“走出去”相结合，全面提高对外开放水平①。由于受限于经济发展阶段和企业自身实力，在此期间我国对外直接投资的规模一直不大，相对于出口和引进外商直接投资的耀眼成绩要逊色很多，截至2002年底，我国企业对外直接投资存量仅为332.22亿美元，约占全球的0.48%，美国的2.38%。但是，我国企业对外直接投资已经展现出迅猛增长的势头，2003～2017年，世界对外直接投资流量年均增速为7.08%，我国为38.78%，我国占全球对外直接投资流量的比重由2003年的0.44%上升到2017年的11.07%，在世界的排位由2003年的第21位上升到2009年的第5位，2012年的第3位，2015年的第2位（次于美国），2017年的第3位（次于美国、日本）。截至2017年底，我国2.55万家境内投资者在国（境）外共设立对外直接投资企业3.92万家，分布在全球189个国家（地区）（中华人民共和国商务部等，2018）。对外直接投资的迅速增长使得我国从一个引进外商直接投资的大国转变为一个双向资本流动的大国，2003年我国对外直接投资流量仅为28.55亿美元，到2014年、2015年、2016年、2017年分别增长到1231.20亿美元、1456.67亿美元、1691.49亿美元、1582.88亿美元，均超过我国当年的引进外商直接投资额。虽然在这个过程中有一些投资失败的案例，但我国对外直接投资进入关键成长期的现实已经非常清晰，2013年“一带一路”倡议的提出又为我国企业“走出去”创造了新的历史机遇，我国企业的对外直接投资在可预计的将来还将以较快的速度增长。

综上所述，我国开放经济目前面临着劳动力成本上升、资源环境压力

① 江泽民. 2002. 全面建设小康社会，开创中国特色社会主义事业新局面. http://news.southcn.com/ztbd/llb/bg/200211160429.htm[2019-07-04].

增大、外需不确定性加剧等出口不利条件，而企业对外直接投资活动则进入关键成长期，已呈现出迅猛增长的势头。那么，随之而来的问题是，我国企业的对外直接投资活动将替代抑或是促进我国企业的出口？进一步地，如果“被动参与、被动融入”的引进外商直接投资模式可能锁定本土企业于分工价值链低端的逻辑成立，则“以我为主、为我所用”的对外直接投资模式是否能够呈现促进本土企业出口产品技术升级和质量提升的不同图景？在我国经济进入新常态，迫切寻求经济增长新动力和经济结构升级的背景下，上述问题的研究与探讨无疑具有重要的现实价值和丰富的政策内涵。

（二）理论背景

现有文献关于对外直接投资的（出口）贸易效应的理论解释主要围绕替代论、互补论、不确定论展开。若简单线性地看待对外直接投资和（出口）贸易为进入国际市场的“二选一”选项，则关税等贸易壁垒将刺激对外直接投资行为，对资本等对外直接投资要素流动的限制将刺激贸易行为，故两者间呈现替代关系（Mundell，1957）。在市场不完全导致交易成本较高的情形下，企业可能倾向于构建以跨国公司母体为核心的企业体系，通过内部市场取代外部市场，从而使得对外直接投资与（出口）贸易间呈现替代关系（Buckley and Casson，1976；Rugman，1981）。Brainard（1993，1997）从“临近-集中”权衡角度考察跨国公司的投资和贸易选择问题，指出临近优势超越集中优势时，企业更可能采用对外直接投资以替代出口。

替代论揭示了对外直接投资影响贸易发展的部分事实，但企业对外直接投资也会创造出其他相关产品（如中间品）和技术、服务等的需求，从而为东道国和母国间创造贸易机会，扩大两国间的贸易往来与规模。Purvis（1972）、Kojima（1978）、Helpman 和 Krugman（1985）等的研究表明，那些非贸易障碍因素诱致的，或者顺贸易型的对外直接投资会促进国际分工的深化，扩大国际贸易规模。日本学者小岛清（Kojima，1978）在《对外直接投资论：跨国经营的日本模式》一书中提出了不同于“美国式对外直接投资”的“日本式对外直接投资”模式，即边际产业扩张论。该理论指出，“日本式对外直接投资”从本国已经开始处于比较劣势的产业（边际产业）依次进行，不仅不会影响本国优势企业原来的出口，还会通过优势企业子公司中间品、技术引进、原材料等带动劣势企业出口规模的扩大。此后，Helpman（1984）指出，纵向一体化直接投资充分利用了不同国家间的要素禀赋差异，对国际贸易有显著的创造效应，能够促进国际贸易出口。Markusen（1983）的贸易投资互补论、Bhagwati 等（1992）的补偿投资理论进一步揭示了对外直接投资与国际贸易间的互补关系。

更多的后续研究和大量实证文献发现，对外直接投资的贸易替代抑或是互补效应并不确定，而是与多种因素相关：产品的生命周期（Vernon，1966）、对外直接投资的阶段和规模（Bergsten，1974）、对外直接投资的动机和类型（Schmitz and Helmberger，1970；Gray and Dawn，1998）、考察时间的长短（Blonigen，2001）、产业分类的大小（Swenson，2004）等。随着 20 世纪后半期以来世界生产分工模式沿价值链不断深化，产业间、产业内贸易的同时并存及规模扩张（Helpman，1984，1985），以及跨国公司内部贸易的涌现（Helpman and Krugman，1985），越来越多的研究倾向于支持互补论，且研究思路呈现出对外直接投资理论与国际贸易理论相融合、微观分析与宏观分析相融合的趋势。例如，Dunning（1977，1981）的国际生产折衷理论从企业微观视角将对外直接投资理论与国际贸易理论融合在一个分析框架下；Melitz（2003）、Antras（2003）等也努力尝试从微观视角解答哪些企业该“走出去”及如何“走出去”等问题。

这些研究是本书的理论参照和逻辑起点，尤其是对外直接投资理论与国际贸易理论融合、微观分析与宏观分析融合的思路为本书提供了基调。但是，我国的具体国情与其他国家存在差异，必须在对这些研究进行必要扬弃的基础上展开符合我国现实的深入研究。作为经济转型与体制转轨的发展中大国，现阶段众多中国企业似乎并不具备发达国家的“企业特定优势”（裴长洪和樊瑛，2010），诱发和刺激其跨国经营的诸多国家层面的宏观因素、制度条件、国际政治经济关系也和一般发展中国家存在差异（乔晶和胡兵，2014）。当前我国企业的对外直接投资模式既不同于发达国家，也不同于其他发展中国家，传统的水平投资和垂直投资亦不能很好地概括我国企业对外直接投资的特征。我国在 20 世纪末通过加工制造业融入全球生产网络和国际贸易体系，进入 21 世纪后开始迅速增长的对外直接投资的一个重要目的在于，寻求从具有比较优势的“微笑曲线”低端的加工装配环节向不具有比较优势的附加值更高的两端扩张，呈现出明显的价值链拓展诉求（姚枝仲和李众敏，2011；何帆，2013）。

针对我国开放经济发展的特征事实，研究外商直接投资对我国贸易影响的文献异常丰富，随着我国对外直接投资的异军突起，诸多文献开始转向研究对外直接投资的贸易效应。李荣林（2002）、王迎新（2003）、陈立敏（2010）等对相关文献进行了梳理和述评，更多的研究则针对中国数据展开替代效应或互补效应的实证检验，如蔡锐和刘泉（2004）、张应武（2007）、项本武（2009）、张如庆（2005）、俞毅和万炼（2009）、陈立敏等（2010）、张纪凤和黄萍（2013）、蒋冠宏和蒋殿春（2014）、毛其淋和许家云（2014a）等。我国对外直接投资如何影响我国出口质量的文献也开始出现，如杜威剑和李梦洁（2015）、景光正和李平（2016）等。由于2003年以前我国对外直接投资的规模相对较小，其贸易效应并不显著或不稳健，且此前相关的统计数据比较匮乏，限制了实证模型和检验工具的选择与运用，上述研究所得结论尚存在较大分歧。这些研究在结论上存在差异，甚至相互矛盾，不利于廓清对外直接投资影响贸易的途径和机理，不利于形成有针对性的、可操作的政策建议协调对外直接投资和贸易的发展以最大化我国的开放收益，需要对此问题展开更为系统深入的研究。另外，随着21世纪以来，特别是2003年以来我国企业对外直接投资行为的日渐活跃，以及相关统计数据的日益丰富和规范，将这一领域的研究推向系统深入显得越来越必要，也越来越可行。

二、研究的意义

改革开放期间，尤其是20世纪90年代以来，“走出去”等观念被中央文件反复提及，在当前国外逆全球化和贸易保护主义思潮抬头，国际贸易格局和贸易规则濒临调整，以及中国经济步入新常态，经济结构和增长方式寻求转型的大背景下，通过对外直接投资在更高层次参与国际合作和竞争，缓解出口贸易面临的诸多外部干扰和不确定性，稳步提升我国的话语权和开放收益，已经成为社会持续关注的重大热点之一。然而，对外直接投资如何影响我国贸易发展？怎样协调两者以实现我国由贸易大国向贸易投资大国的转变？这些问题的答案尚不清晰。因此，系统深入研究我国对外直接投资的（出口）贸易效应，并针对性地探讨相关战略选择及其政策安排，不仅具有较大的学术价值，也具有极为丰富的政策内涵。

1）有利于推动基于日益活跃的中国对外直接投资实践的企业国际化理论和战略的研究。现阶段，我国企业开展跨国经营所面临的内外部条件与发达国家及其他发展中国家存在一定差异，而且我国对外贸易已达很大规模，对外直接投资正进入关键成长期。鉴于其独特的典型化事实，以及所展现出的规模和速度，解读和诠释中国对外直接投资实践无疑将可以丰富和拓展企业国际化的相关学术研究。

2）有利于促进学者对我国对外直接投资和贸易关系的认识与理解，有利于推动实践中两者的协调发展。本书将详尽梳理其他国家对外直接投资和贸易实践的各种理论解释，结合我国的典型化事实，通过严谨深入的实证研究，探寻和识别我国企业对外直接投资的（出口）贸易效应及其途径和机制。这种努力和尝试，将有利于减少因为认识和理解的差异而造成的实践层面的曲折和反复。

3）为我国对外直接投资和贸易的相关决策提供智力支持。政策研究部分提出在我国经济步入新常态和外部环境出现复杂深刻变化的背景下，如何结合“一带一路”倡议等整合对外直接投资和贸易的对策建议，能够为政府相关决策提供参考。同时，本书的研究成果对于企业选择投资或贸易方式参与国际竞争的动态决策亦具有借鉴价值。

第二节 研究范围界定和数据来源说明

一、研究范围界定

对外直接投资的贸易效应涵盖对外直接投资对母国的出口、进口，以及对东道国的出口、进口的影响，此处的母国和东道国是投资“硬币”的两面，出口和进口是贸易“硬币”的两面，它们互为镜像（胡兵和乔晶，2013）。考虑到 21 世纪以来，特别是 2003 年以来我国对外直接投资的飞速发展态势，以及我国出口贸易发展已经取得的成就和面临的问题，本书将研究范围限定为我国对外直接投资对我国出口贸易发展的影响，并在此基础上探讨对外直接投资战略转变的基本方向和政策调整的主要思路，这是当前我国社会经济运行急需研究的重大现实问题。上述研究范围的限定尚需做三点说明。

1）本书关注的是我国对外直接投资而非外商直接投资。现有研究外商直接投资对我国出口贸易影响的文献异常丰富，而研究新阶段我国迅速增长的对外直接投资的出口贸易效应的文献相对不足。

2）本书关注的是我国对外直接投资的出口贸易效应而非出口如何影响我国的对外直接投资。我国日渐踊跃的对外直接投资实践为相关学术研究提供了新的鲜活文本，不少学者研究了其快速增长的影响或推动因素（包括出口贸易因素）。本书的研究则从对外直接投资的经济效应角度切入，聚焦于探寻和剖析我国对外直接投资的“突然崛起”如何影响我国出口数量的增长和出口质量的提升。

3）本书考察的我国出口贸易是指有形商品（货物）的出口，不包括无形商品（服务和技术）的出口。无形商品也是值得研究的主题，但与货物出口存在差异，需要另立课题专门加以研究。考察我国货物贸易出口，实际上主要考察的是工业制造业出口，因为我国初级产品的出口比重很小，按照《中国统计年鉴》的出口分类统计数据，2017 年我国初级产品、工业制成品出口分别为 1177.33 亿美元、21 456.38 亿美元，占我国出口总额的比重分别为 5.20%、94.80%，这两个比重在 2007～2017 年的均值分别为 5.07%、94.93%。

二、数据来源说明

本书研究所涉及的原始数据资料主要来源于官方的正式出版物或学术界认可的专业数据库和网站，包括历年《中国统计年鉴》、《中国对外直接投资统计公报》、《中国海关统计年鉴》、《中国商务年鉴》、《世界经济年鉴》、《中国人口统计年鉴》（2007 年更名为《中国人口和就业统计年鉴》）、*World Investment Report*、中国工业企业数据库、CEPII 数据库，以及商务部、科学技术部、联合国贸易和发展会议、世界贸易组织、世界银行、国际货币基金组织（IMF）等的网站数据库，部分数据还参考了相关学术论文和研究报告。所有数据的使用均在正文相应处进行了必要的说明和解释，并尽量更新到 2017 年，但由于数据可得性的约束，第三章第三节、第四章第三节、第五章第三节和第四节除外。必要的模型控制和稳健性检验表明，即使将上述章节的面板样本数据更新到最近也不会改变这些章节实证分析的基本结论。

第三节 研究的特色与新意

本书的研究在我国经济进入新常态，以及我国“一带一路”倡议等面临外部环境发生复杂深刻变化的背景下，以跨国投资和国际贸易的相关理论为逻辑线索，以对外直接投资的（出口）贸易效应为切入视角，深入考察我国企业对外直接投资和（出口）贸易发展的现实与问题，结合国外发展的经验和教训，积极探索我国由贸易大国向贸易投资大国演进的战略方向和对策思路。本书研究的特色和新意主要体现在以下方面。

1）聚焦于我国企业对外直接投资如何影响（出口）贸易发展的重大现实问题展开严谨深入的研究，提出符合新阶段我国发展实际的思路和对策，具有很大的应用价值和学术价值。在我国经济进入新常态和国家提出“一带一路”倡议等大背景下，针对我国对外直接投资已经进入关键成长期，以及我国贸易发展已经取得的数量世界第一、质量有待提升的特征事实，从对外直接投资的（出口）贸易效应切入，尝试揭示和剖析我国对外直接投资的迅速增长如何影响我国出口贸易的数量扩张与质量提升，进而探讨和诠释我国对外直接投资战略转变的基本方向与政策调整的主要思路。本书的研究可为政府相关职能部门的决策提供经验证据和决策依据，其研究思路和方法可为后续研究提供借鉴与参考。

2）本书的研究主题明确、结构完整、资料准确、思路清晰、逻辑缜密，结论与政策建议具有重要的参考价值。研究范式符合经济学主流规范，数据资料结合了跨国宏观面板数据，以及“中国工业企业数据库”和“境外投资企业（机构）名录”等微观数据，实证部分模型构建合理，估计方法科学，论证清晰有力，结论稳健可靠。实证分析与政策研究部分特别强调我国对外直接投资和出口贸易发展的特征事实，政策建议针对性强，具有很强的启发借鉴意义和很好的可操作性。

3）本书的研究较好地处理了实证部分难度很大的相关模型构建及其数据资料的收集处理、变量的定量表达、参数的估计等问题。①结合双边随机前沿模型和2003年以来我国对全球118个国家（地区）的对外直接投资面板数据，识别和判断我国对外直接投资过度抑或是不足及其空间时间变动趋势。②整合“中国工业企业数据库”和“境外投资企业（机构）名录”微观数据，运用倾向得分匹配和倍差法考察我国制造业企业对外直接投资的出口贸易数量效应。③基于“中国工业企业数据库”的企业出口交货值微观数据，分年度分行业（四分位）测算以出口技术复杂度度量的分省份出口质量，进而构建面板数据固定效应模型和面板向量自回归（vector autoregression，VAR）模型，实证检验我国对外直接投资影响我国出口质量的异于外商直接投资的逻辑和机制。

本书尽量避免将经济理论或先行国家的经验直接套用到中国实践的技术路线，而是将理论和文献演进与中国实践发展的结合作为逻辑起点和线索贯穿整个研究，通过特别强调中国典型化事实的实证分析和政策探讨以达成富有价值的相关研究结论。与现有相关文献相比，本书研究的创新体现在以下几个方面。

1）研究选题和视角的创新。我国在出口贸易领域已经取得的成就和面临的问题，以及我国近年来在对外直接投资领域的“突然崛起”，使得针对我国特征事实探究和诠释对外直接投资的贸易效应影响的论题引起众多学者的关注。本书从我国不同于他国的自身特殊性出发，构建理论框架和实证模型以系统深入考察与剖析我国企业对外直接投资的出口贸易效应，在研究选题和视角上具有较大的创新。

2）针对我国事实的研究思路和方法的创新。实证研究基于理论和中国的典型化事实，侧重近年我国对外直接投资展现出迅猛增长势头后的宏观数据和微观数据，采用适合样本特征的双边随机前沿模型、面板向量自回归模型、匹配倍差、系统广义矩估计（generalized method of moments，GMM）等方法，检验和剖析我国对外直接投资的迅速增长如何影响我国出口贸易的数量扩张和质量提升，尝试进行较为深入和稳健可靠的实证分析，在思路和方法上可为后续研究提供借鉴与参照。

3）研究结论和政策建议的创新。在相关理论分析和实证检验的基础上，得到了我国对外直接投资整体上表现为投资不足而非投资过度，“被动参与、被动融入”的外商直接投资模式可能锁定本土企业于分工价值链低端，而“以我为主、为我所用”的对外直接投资模式则呈现出促进本土企业出口产品技术升级和质量提升的不同图景等富有新意和丰富政策内涵的结论，以及整合投资政策和贸易政策，不断提升在全球价值链阶梯的位次；整合引进外商直接投资和对外直接投资政策，适度加快推进对外直接投资；适应并影响国际投资规则，寻求对外开放的新优势与新利益等富有针对性和操作性的对策建议。

第二章　理论与文献述评

对外直接投资理论和国际贸易理论早期在相互独立的理论框架中各自发展了相当长时间，随着20世纪后半叶全球经济联系的日益复杂和研究的不断深入，两者出现了融合趋势，涌现出大量探讨对外直接投资贸易效应的理论和文献。第一节梳理对外直接投资和国际贸易理论发展的脉络，第二节和第三节分别从替代、互补、不确定三个角度阐释对外直接投资贸易效应的理论和文献，最后总结本章内容。

第一节　对外直接投资与国际贸易的理论发展

一、对外直接投资的理论发展

20世纪初到50年代末，关于对外直接投资的理论研究基本是经验总结性的，尚未形成完整的理论体系。60～70年代相关理论得以发展，主要针对美国、日本等发达国家跨国公司对外直接投资的动因、影响因素、经济效应等展开研究，代表性成果包括垄断优势理论、内部化理论、国际生产折衷理论等。80年代后，发展中国家跨国公司对外直接投资活动日渐增多，且在一定程度上呈现出一些异于发达国家企业的特征，传统对外直接投资理论不足以解释其跨国投资行为。学术界开始针对发展中国家企业的对外直接投资行为展开研究，提出了小规模技术理论、局部技术变动理论等相关理论。本节对这一发展脉络做简要梳理，为本书研究提供相关理论基础和背景。

（一）垄断优势理论

美国学者海默（Hymer，1960）在其博士学位论文《本土企业的国际化经营：一项关于对外直接投资的研究》中提出了以企业优势为核心的直接投资理论，摆脱了旧有收益率基础上国际资本理论的影响和基于要素禀赋观点的传统国际贸易理论的桎梏，将对外直接投资研究从国际交换领域引入国际生产领域，推动了基于不完全市场条件下产业组织理论的国际投资研究。海默的理论模型是现代西方对外直接投资理论的起点，经过金德尔伯格（Kindleberger，1969，1975）、凯夫斯（Caves，1971，1974）等的发展与完善，形成了著名的垄断优势理论。

海默从不完全竞争市场的角度提出企业特定优势的概念，指出跨国公司凭借其特定的垄断优势从事对外直接投资，获取垄断利益和竞争优势。金德尔伯格将跨国公司对外直接投资所凭借的垄断优势划分为来自要素市场不完全的垄断优势、来自产品市场不完全的垄断优势、来自规模经济的垄断优势、政府干预使企业获得的垄断优势等不同类型。约翰逊（Johnson，1970）强调了知识、技术等企业核心资产的重要性，认为跨国公司凭借其对知识、技术等企业核心资产的占有和控制获得垄断优势。凯夫斯从产品差异化能力解释企业垄断优势的来源，指出跨国公司凭借其相关无形资产和技术能力，供给差异化高端产品以获取和维持企业垄断优势。

垄断优势理论产生于第二次世界大战后美国公司对外直接投资快速发展的阶段，该理论指出企业在不完全竞争条件下获得的知识、技术、产品、规模经济等垄断优势是影响企业对外直接投资的重要因素，对其后对外直接投资的相关理论产生了较大影响。但是，该理论聚焦的研究对象主要是具有较强实力和明显垄断优势的发达国家的跨国公司，随着那些不具有明显企业特定垄断优势的发展中国家企业对外直接投资活动的兴起，该理论的适应性受到了质疑，进而刺激了对外直接投资其他相关理论的发展。

（二）内部化理论

英国学者巴克利和卡森（Buckley and Casson，1976）、加拿大学者

Rugman（1981）基于新厂商理论和市场不完全假定，探讨了发达国家跨国公司的对外直接投资行为，提出了内部化理论。该理论依托新制度经济学的有限理性、机会主义等假设和成果，将对跨国公司对外直接投资行为的解释从不完全市场下的企业特定垄断优势拓展到不完全市场下的交易成本视角。

市场不完全推高企业运营成本。对于需要多阶段生产的“复杂”产品而言，依靠外部市场协调中间产品的供求，特别是专利、专有技术、管理及销售技术等知识相关的中间产品的供求，可能意味着较高的市场交易成本，此时企业倾向于将一些中间产品的生产和交易转入组织体系内部以降低外部市场交易成本。外部市场和企业组织内部交易成本的相对大小决定了企业规模的边界，那些组织管理能力强的企业有能力使内部化成本低于外部市场交易成本，并将企业边界拓展至国外开展跨国投资和经营。Cantwell（2000）进一步强调，跨国公司对于知识相关的中间产品供求的内部化，不仅能够降低外部市场交易成本，提高知识资产的使用效率，还能防止技术外流，维持其技术垄断优势[①]。

内部化理论揭示了市场不完全情形下企业用内部管理机制替代外部市场机制的重要事实，指出对外直接投资在一定程度上是企业交易内部化的结果，企业对外直接投资的实质不在于资本的转移，而在于所有权基础上的企业管理与控制权的扩张，通过对外直接投资形成的跨国公司正是国际生产分工的组织形式。内部化理论能较好地解释诸多企业对外直接投资的动因，也加深了人们关于跨国公司形成并壮大的理解，但该理论不足以解释现实世界跨国公司投资实践中越来越重视构建和利用外部市场网络关系的现象，这也为其他相关理论在这方面的进一步拓展留下了空间。

（三）小规模技术理论

随着发展中国家新兴经济体的兴起，对外直接投资活动日渐增多并表现出一些异于发达国家企业跨国投资的特质，引发了相关学者对发展中国

① Cantwell（2000）还指出，跨国公司通过企业内部组织之间的交流学习将知识相关的中间产品嵌入企业的“默会”能力中，这种“干中学”的“默会”能力很难通过外部市场由卖方转移给买方，而跨国公司则可以通过较低的内部协调成本持续获取使用这些知识中间产品的高额垄断利益。

家对外直接投资行为进行研究，20世纪70年代以来，出现了不少有价值的相关理论。美国经济学家韦尔斯（Wells，1977）在《发展中国家企业的国际化》一文中首先提出了“小规模技术理论”，并在其1983年的著作《第三世界跨国公司》中进一步详细阐述了这一理论。

小规模技术理论认为，低收入发展中国家市场的需求容量有限，不能达到大规模生产技术所要求的生产规模，但发展中国家跨国公司可以通过开发满足小规模市场需求的技术而形成竞争优势。韦尔斯（Wells，1977）对印度制造业52家跨国公司的调查研究证实，这些印度企业的生产技术基本进口自国外，但通过对技术的改造，生产出了能够满足本国和其他发展中国家小规模差异化需求的商品，进而形成了不同于发达国家跨国公司绝对垄断优势的局部垄断优势。除此之外，发展中国家跨国公司局部垄断优势的形成还与以下两个因素相关：①具有民族特色的相关产品的海外市场；②改造的技术与低成本劳动力等要素结合的产品价格优势。韦尔斯（Wells，1983）还指出，发展中国家企业对外直接投资固然存在资产分散、效率寻求等动因，但主要还是为了保护出口市场，通常是在国外市场受到威胁时进行的防御性对外直接投资。

小规模技术理论从发展中国家的市场特征出发，揭示出那些生产规模较小、技术相对落后、管理经验不足的发展中国家企业，也可以通过对外直接投资方式参与国际竞争，是研究发展中国家企业对外直接投资行为的开创性成果。该理论的缺陷是将发展中国家的技术创新总是看作被动和跟随性的技术创新，不能很好地解释发展中国家对发达国家投资越来越多的现象，也不能很好地解释像我国这样国内市场规模巨大的发展中国家企业的对外直接投资行为。

（四）局部技术变动理论

小规模技术理论之后，英国学者Lall（1983）提出了局部技术变动理论，认为发展中国家企业并非被动简单地模仿发达国家的先进技术，而是通过改进国外先进技术的某些局部环节形成自身的竞争优势。

Lall（1983）通过对印度跨国公司的考察指出，发展中国家跨国公司即使呈现出劳动密集、规模较小、行业标准化生产等显著特征，但在引进国外先进技术过程中具有自己的创新，特别是针对国外先进技术本地化的二次改进，使得其产品更适合本国市场，以及与本国收入相似的其他国家的市场，进而形成对外直接投资的企业特定优势。按照局部技术变动理论，发展中国家企业通过对引进技术的改进和创新形成的竞争优势包括：①技术的改进和创新植根于本国环境，所生产的商品在价格、质量等方面更适合本国市场及类似市场；②发展中国家跨国公司同样可以改进和创新引进的技术以适应投资目标国的市场需求；③发展中国家跨国公司能够供给合适的商品以满足那些市场规模巨大，但消费者偏好和购买力差异较大的东道国的市场需求；④小规模生产技术条件下可能产生的规模效益。

局部技术变动理论强调了发展中国家跨国公司对于技术的改进和创新活动，这种改进和创新活动在一定程度上解释了发展中国家企业对外直接投资竞争优势的来源。Lall（1983）关于该理论的探讨和分析，对于其后相关研究转向更重视微观层面产生了一定的推动作用。

二、国际贸易的理论发展

随着世界生产和贸易实践的发展，国际贸易理论也在不断发展。按照大多数文献的处理办法，依据理论产生、发展的演进过程可将国际贸易理论的发展大致分为古典贸易理论、新古典贸易理论、新贸易理论、新新贸易理论等几个发展阶段。古典贸易理论最先提出并回答了国际贸易的原因、结构和结果等国际贸易理论所涉及的基本问题，这些基本问题的分析和探讨奠定了国际贸易的最初理论基础。亚当·斯密提出的绝对优势（absolute advantage）理论是研究国际贸易的早期代表性理论，因理论自身存在的缺陷，逐渐被比较优势（comparative advantage）理论取代了其在国际贸易理论的主流地位。而由于古典贸易理论所做的假设过于苛刻，要素禀赋理论（H-O 理论）、要素价格均等化理论等新古典贸易理论应运而生。新古典贸易理论通过放松古典贸易理论的一系列假定，验证了比较优势理论的合理性，也进一步提出了要素禀赋理论等代表性理论，对国际贸易理论的发展产生了重要影响。20 世纪后半叶一国既进口又出口同一产业内产品现象的频繁出现，激发了学术界的讨论，一些学者在新古典贸易理论中融入产业组织、市场结构等理论，逐渐形成新国际贸易理论。新国际贸易理论代表性学者之一克鲁格曼（Krugman）的基于规模经济和不完全竞争市场假设的各种理论对现代国际贸易理论产生了很大影响。90年代以来，跨国公司的兴起和对外直接投资的发展，使得世界生产分工和贸易格局出现了新的变化，针对异质性企业展开研究的新新贸易理论受到越来越多学者的广泛关注。

（一）绝对优势理论

1766年，亚当·斯密（Adam Smith，1723～1790）的划时代著作《国富论》的发表标志着国际贸易绝对优势理论的创立。亚当·斯密批判了重商主义的财富观和贸易观，并系统阐述了其分工和自由经济的观点，他认为各国应该集中生产并出口其具有劳动生产率和生产成本绝对优势的产品，进口其不具有绝对优势的产品，贸易双方都会从交易中获益。

绝对优势理论指出，国家分工和国际贸易的基础是各个国家在资源、技术等方面存在绝对差别，自由贸易的发展能够促使资源优化配置并形成更好的国际分工，每个国家的国际分工建立在各自具有的绝对优势基础上，这些优势包括先天性的自然优势和后天性的获得性优势。自然优势是指矿产等自然条件优势，即有利的自然禀赋；获得性优势是指通过后天性努力而获得的优势，如资本、劳动力资源上的优势。也就是说，先天有利的自然禀赋或后天有利的生产条件会使一国在与其他国家进行贸易时处于更有利的地位。绝对优势理论特别强调绝对成本，即两国之间的劳动力成本存在差异，指出分工对提高劳动力效率、降低劳动成本具有的重大意义，极大地促进了其后贸易理论的发展。

（二）比较优势理论

1817年，大卫·李嘉图（David Ricardo，1772～1823）在其代表性著作《政治经济学及赋税原理》一书中，进一步拓展了亚当·斯密的理论，系统阐述和论证了国际贸易的比较优势原理，确立了此后国际贸易理论的发展方向。比较优势理论指出，贸易的基础是劳动生产率的相对差别（而非绝对差别）和由此产生的相对成本的不同，从而在更普遍的基础上解释了贸易产生的基础和贸易所得。该理论认为，每个国家都应遵循“两利相权取其重，两弊相衡取其轻”的原则生产并出口其具有比较优势的产品，进口其具有比较劣势的产品。

亚当·斯密的绝对优势理论解释了具有不同绝对优势的国家间分工的合理性，但如果一个国家各方面都处于绝对优势，而另一个国家各方面都处于劣势，它们之间如何分工呢？大卫·李嘉图认为，有的国家可能生产任何产品的效率都不具备绝对优势，而有的国家却总是具有绝对优势，但是它们之间存在贸易往来，原因是它们之间生产技术存在相对差别，从而使得产品价格和生产成本也存在相对差别，这样各国在不同的产品上总具有比较优势。一国只需生产和出口其具有比较优势的产品，进口其在生产效率上处于比较劣势的产品，就可以提高社会生产和社会福利水平。

对于比较优势理论，绝对优势只是其特例，因而该理论进一步拓展了绝对优势理论并成为国际贸易的基础性理论。

（三）要素禀赋理论

新古典经济学不断发展和完善，国际贸易理论也在此框架下逐渐进入对国际贸易进行考察和分析的新古典阶段，瑞典学者 Heckscher 和 Ohlin 是此时期的贡献最大者。Heckscher（1919）在《对外贸易对收入分配的影响》一文中提出了要素禀赋理论，从要素禀赋差异角度解读国际分工和贸易，其学生 Ohlin（1933）在《区间贸易与国际贸易论》一书中对要素禀赋论的进一步阐释，基本构建了新古典贸易理论的分析框架。在此之后，哈伯勒（Harberler）、勒纳（Lerner）、列昂季耶夫（Leontief）、斯托尔珀（Stolper）、塞缪尔森（Samuelson）等学者的持续努力，使得要素禀赋理论更好地融入了一般均衡分析模型，逐渐形成了国际贸易理论的标准模型。要素禀赋理论分析指出，不同国家在要素禀赋及其使用比例上存在相对差异，一国更可能生产并出口那些密集使用本国充裕要素的产品，而进口那些密集使用本国稀缺要素的产品。

要素禀赋理论将比较优势的分析由劳动要素拓展到矿产、土地等各种生产要素，使得理论越来越贴近现实。20 世纪 70 年代以前的相当长时间，依托新古典模型表达的要素禀赋理论是国际贸易的主流理论，这期间不少学者围绕“列昂季耶夫之谜”[①]所做的相关研究获得了不少新的富有价值的成果，但并未真正挑战要素禀赋理论在国际贸易理论中的主流地位。

（四）新贸易理论

第二次世界大战后，由于技术进步、生产方式和社会制度的变革，世界生产分工与贸易格局发生了重大变化，行业内贸易比传统的行业间贸易以更快的速度增长，发达国家之间的“北北贸易”逐渐超越发达国家与发展中国家之间的“南北贸易”而成为国际贸易的主流形态（Krugman，1996）。随着经济全球化的加速，20 世纪 80～90 年代，特别是 90 年代以后，在全球竞争中求生存的企业倾向于在全球范围内配置资源并组织生产，“垂直专业化分工”（vertical specialization）的全球生产和贸易模式兴起。发达国家与发展中国家之间“南北贸易”的比重开始重新上升，部分生产环节或生产片段的转移逐渐替代完整产品的转移，使得中间产品的贸易日益加速发展（海闻和赵达，2007）。Heckscher-Ohlin 的要素禀赋理论并不能很好地解释这些涌现的国际分工和贸易的新现象，进而刺激了以克鲁格曼等为代表性学者的新贸易理论的诞生，通过放松新古典贸易模型完全竞争和规模收益不变等不符合现实的假设条件，试图更好地解释现实。

克鲁格曼（Krugman，1979）在开放经济条件下，将（内部）规模经济和差异性产品纳入垄断竞争模型（又称“新张伯伦模型”），其在《收益递增、垄断竞争与国际贸易》一文中富有创建性地揭示和强调了国际贸易的另一推动因素——规模经济，而差异性产品与规模经济一起促进了产业内贸易形态的兴起。不同企业通过生产差异性商品以满足消费者的多样化需求，但单一狭小的国内市场限制了这些企业生产规模的扩大，因此在差

① 列昂季耶夫（Leontief，1953）采用美国进出口行业的资本存量和劳动力人数检验要素禀赋理论，发现了不符合理论预期的结果，即“列昂季耶夫之谜”或“列昂季耶夫悖论”。后续学者对“列昂季耶夫之谜”的进一步研究产生了不少富有价值的成果，包括产品要素密集型逆转、贸易保护、人力资源、自然资源等相关研究，但“列昂季耶夫之谜”并未推翻要素禀赋理论。

异化生产的垄断竞争背景下，通过全球产业内分工和贸易途径寻求市场扩张带来的规模经济效益成为推动国际贸易的重要动力。

在新贸易理论的分析视角下，规模经济能够较好地解释20世纪后半叶国际贸易领域出现的各种新现象。新贸易理论还揭示，最初的规模经济优势即使来自某一偶然因素而非自身的比较优势，亦可借助专业化分工和知识、经验的持续积累，由初始的偶然优势逐渐演化为持久优势。这一逻辑诠释了一国为存在规模经济效应的产业提供保护和扶持政策，以应对不完全竞争的国际市场所具有的战略价值，从而为战略性贸易理论研究和相关的政策探讨提供了支持，并引起了学者关于贸易自由抑或是保护的又一次热烈争论。当前世界经济全球化氛围正发生复杂而深刻的变化，国际社会需要寻求恰当的制度安排，走出贸易自由抑或是保护的“囚徒困境”，通过全球分工和贸易更公平地增进世界各国的福利，这可能就是更为合理的国际经济秩序的现代经济学含义（章元等，2002）。

新贸易理论的规模经济模型类似于比较优势模型、要素禀赋模型的地方是均从供给侧生产成本角度解释国际贸易。基于完全竞争假设基础上的传统国际贸易理论通常采用小国模型，因为小国几乎面临无限的出口市场需求从而忽略了需求侧的约束。随着对国际市场完全竞争到不完全竞争假设的改变，新贸易理论的视角逐渐从单纯的供给侧转向兼顾需求因素（赵爱清，2005），但仍未给予需求侧足够多的重视。林德（Linder，1961）强调，市场需求是引致一国生产变化和产生国际贸易的基础，而收入变动是引致一国市场需求变化的最重要因素；人均收入较高的国家之间需求结构相似，两国间产生贸易的可能性较大，人均收入不断增加的结果又促进了工业制成品贸易在人均收入较高国家之间的扩张，从而解释了人均收入较高的发达国家之间的贸易和产业内贸易的增长现象。从需求侧视角来看，两个不同的国家如果具有相同的生产能力和成本函数（技术、要素配置、生产规模均相同），但消费者偏好不同，这两个国家可能会因为产品价格的不同而开展贸易；即使消费者偏好也相似，仍有可能因为两国居民收入的不同而导致贸易的发生（海闻等，2003）。

新贸易理论进一步放松了要素禀赋理论关于各国生产技术获取方面具有相同可能性的假定，刺激了一批富有价值的理论和观点的产生。技术差距论认为，不同国家的技术差距和模仿时滞在很大程度上决定了现实世界的国际贸易格局（Posner，1961）。产品生命周期理论则指出，不同国家在新产品的创新、成熟、标准化的不同生命周期阶段比较优势的变化，决定了该国在世界分工和贸易格局中的地位（Vernon，1966）。另外，日本学者还提出了边际产业转移论和雁形产业转移论等理论（朱廷，2004）。

（五）异质性企业贸易理论

绝对优势理论、比较优势理论和要素禀赋理论等传统国际贸易理论着重研究国家层面上的国际贸易，主要从要素禀赋差异和技术差异视角来分析国际贸易的动因与流向。而在国际贸易实践中，各个企业的贸易决策并不相同，但上述贸易理论未对企业微观主体决策的差异性给予足够重视。基于不同企业的生产率差异视角，Melitz（2003）综合了竞争模型和动态产业模型，提出并发展了异质性企业贸易理论。该理论认为，企业生产率是决定企业是否能够出口的关键，生产率较高的企业能够立足于竞争激烈的国际市场，而那些生产率低下的企业将被淘汰，即行业中出口型企业的生产率普遍高于非出口型企业的生产率，而生产率较低的非出口型企业则主要专注于国内市场。

异质性企业贸易理论指出，贸易会促进产业内部升级，使得生产率相对较高的企业发展较快，增加其利润和市场份额；生产率较低的企业出口能够增加市场份额，但利润会蒙受损失；生产率更低的企业依然保留在行业中，只供应国内市场而不进行出口，遭受利润和市场份额双重损失；生产率最低的企业则会退出市场。总而言之，企业的自选择行为会导致生产率较高的企业进行出口，生产率最高的企业进行对外直接投资，生产率较低的企业关注国内市场（Melitz，2003；Helpman et al.，2004）。

随着贸易全球化的不断发展，异质性企业贸易理论被越来越多地用于解释国际贸易行为，使得国际贸易理论对于相关问题的分析越来越倾向于强调微观基础。

第二节　对外直接投资的贸易效应理论

对外直接投资和国际贸易是国际分工的两种基本表现形式，随着全球化程度的不断深化，两者间的联系日益密切，其关系受到学术界的日益关注，而且对外直接投资的贸易效应在现实层面也具有明确的政策含义。企业在进行海外投资和生产，既可能替代，也可能促进东道国的出口贸易，有关这一问题的回答，不仅关系到宏观层面国家政策的制定，也关系到微观层面企业进入国际市场方式的选择（陈立敏，2010）。早期对外直接投资和国际贸易理论或多或少隐含有两者相互关系的论述，但着重专门探讨两者关系的研究始于芒德尔（Mundell）的投资贸易模型，其后，不少相关研究对此领域予以关注。根据研究结论，相关理论和文献可大致分为三类：一是替代关系，即对外直接投资与国际贸易之间存在替代效应；二是互补关系，即对外直接投资与国际贸易之间存在互补效应；三是不确定关系，即对外直接投资与国际贸易之间存在相互影响、相互作用的不确定性关系。

一、替代关系理论

根据外部环境和自身条件的变化，企业适时调整决策最大化自身利益，既可能采取对外直接投资方式，也可能采取（出口）贸易方式参与国际竞争。因此，两种不同方式间可能存在此消彼长的替代关系，支持这一论点的理论包括芒德尔的投资贸易替代理论、弗农（Vernon）的产品生命周期理论等。

（一）投资贸易替代理论

芒德尔 1957 年在《国际贸易与要素流动》一文中详细阐述了对外直接投资与国际贸易之间的替代关系（Mundell，1957），该文在要素禀赋理论框架基础上构建了两种国家、两种生产要素和两种产品的投资-贸易模型，得出在各国要素可以自由流动且生产函数相同的条件下，一国对别国的对外直接投资会缩小本国的生产可能性边界，同时扩大别国的生产可能性边界，国际资本流动与国际贸易存在完全替代关系的结论。

要素禀赋理论指出，导致两国间贸易的直接原因是两国产品的价格差异及其背后的要素价格差异，在相同技术、相同偏好、生产要素不能跨国流动、规模报酬不变、完全竞争市场等一系列假设下，一国相对丰裕的生产要素具有较低价格，其产品具有出口比较优势，因此一国的出口产品是密集使用相对丰裕要素生产的产品。要素禀赋理论假设生产要素只能在国家内部自由流动，而不能跨国界流动，这也在一定程度上限制了理论解释跨国经营实践。为使要素禀赋理论框架能够分析对外直接投资与国际贸易间的关系，芒德尔首先改进其理论假设：A 国资本要素丰裕而 B 国劳动力要素丰裕，贸易条件下，A 国生产具有比较优势的资本密集型产品 X，B 国生产具有比较优势的劳动密集型产品 Y；A、B 两国具有相同的生产函数，资本等生产要素在两国国境自由流动，存在关税等形式的贸易壁垒。

此时，A 国向 B 国出口棉花，B 国向 A 国出口钢铁。在自由贸易情况下，若 A、B 两国资本和劳动力要素回报率相等，便不存在要素跨国流动，也不存在资本跨国流动的必要。若两国之间存在关税等贸易壁垒，情况则会发生变化。假设 A 国对进口的钢铁征收高额关税，会使得 A 国的钢铁价格上升，价格上升必然刺激 A 国钢铁产量的供给。作为资本密集型产品的钢铁供给增加，会增加 A 国对资本的需求，从而提高资本价格。由于 A 国高资本报酬率的吸引和贸易壁垒的阻碍，B 国的资本要素会选择通过对外直接投资等方式流入 A 国，这时就形成了 B 国对 A 国的投资。设置贸易壁垒后，虽然 B 国对 A 国出口的钢铁总产量减少，但是钢铁总产量不变。B 国对 A 国进行资本投资，使得 A 国自身有能力提高钢铁总产量以替代自身出口减少的钢铁总产量。换言之，对外直接投资有效地避开了贸易壁垒，替代了贸易出口。

芒德尔的投资贸易模型最早解释了对外直接投资与国际贸易间的关系，为后期学者对这一领域进行研究奠定了基础。但是，这一模型虽然理论推理近乎完美，但是必须在满足一系列近乎严苛的假设的条件下才能成立。实际情况下，对外直接投资与国际贸易也会表现出一定程度的替代关系，但是却远非芒德尔描述的那样完全替代，且必须放松模型中的一系列假设，才能解释实际情况中投资与出口贸易的关系，因此许多学者也对芒德尔的理论模型提出了质疑（范海君，2012）。

（二）产品生命周期理论

弗农（Vernon，1966）提出了产品生命周期理论，从产品技术垄断角度入手，在产品生命周期的不同阶段解释产品的跨国投资与贸易流向之间的关系。该理论指出，跨国经营是产品周期特定阶段演进的结果，产品在不同阶段会表现出不同特征：①产品创新阶段。该阶段，企业一般是初次投入生产要素进行生产，各种条件并不成熟，企业一般会与投入品供应商、消费者保持密切联系。由于对国内环境较为熟悉，企业往往在国内生产更具有优势，此时企业一般会选择在母国生产并以较高价格出口到国外而不进行对外直接投资。②产品成熟阶段。该阶段，产品生产逐渐成熟，企业开始出口大量产品，但为实现标准化生产，此时进口国出于对本土企业和贸易利益的考虑，便会设置税收等贸易壁垒限制进口。出口企业开始注意到出口产品成本问题，当边际出口成本（包括生产成本与运输成本）超过在国外投资建厂生产产品成本时，企业便开始进行对外直接投资，并逐步替代原来的出口贸易。③产品标准化阶段。该阶段，产品完全标准化，生产技术已经扩散，企业原有的技术优势丧失，价格竞争成为产品竞争的基础。企业为了降低产品成本、保持价格优势，会选择对外直接投资的方式将生产转移到生产成本最低的国家（地区），并从该国（地区）将最终产品出口到其他国家，甚至国内。

产品生命周期理论首次从比较优势的动态转移角度入手，将对外直接投资和跨国贸易结合起来研究企业跨国经营行为，从产品生命周期的不同阶段分析，得到企业对外直接投资最终会替代东道国出口贸易的结论。生命周期理论较好地解释了美国当时进行大规模直接投资的现象，但是产品生命周期理论也有其局限性，作为企业防御性竞争措施的产品生命周期理论既不能很好地解释如美国等发达国家的直接相互投资行为，也不能很好地解释没有技术优势的发展中国家为何进行对外直接投资，且在解释制造业以外其他行业的企业直接投资行为时缺乏解释力。

二、互补关系理论

上述相关替代理论可能阐述了对外直接投资替代最终产品贸易的部分事实，但企业对外直接投资也会创造出其他产品（如中间品）和技术、服务等的需求，从而为东道国和母国间创造贸易机会，扩大两国间的贸易往来与规模。Purvis（1972）、Kojima（1978）、Helpman 和 Krugman（1985）等的研究表明，那些非贸易障碍因素诱致的，或者顺贸易型的对外直接投资会促进国际分工的深化，扩大国际贸易规模。20 世纪 70 年代后涌现出一批支持投资贸易互补关系的研究成果，对投资贸易替代论形成了冲击。

（一）边际产业扩张理论

日本学者小岛清（Kojima，1978）对芒德尔的投资贸易模型提出了质疑，他认为投资和贸易到底是替代关系，还是补充关系，取决于对外直接投资的不同类型，根据各国对外直接投资的实践，他将其分为代表性的“美国式对外直接投资”和“日本式对外直接投资”两种类型。美国对其他各国（主要是西欧）进行的“美国式对外直接投资”大多采取独资形式，将母国最具优势的产业转移到海外来维持自己的垄断地位。“日本式对外直接投资”的主体企业更多是中小企业，更多是向发展中国家投资，且投资规模不大并通常采取与外国企业合资合作的方式来拓展东道国市场。小岛清指出，对外直接投资应该优先选择那些本国已呈现比较劣势趋势的产业（即边际产业）依次进行，这样不仅不会影响本国优势企业原来的出口，还会通过优势企业子公司中间品、技术引进、原材料等因素，带动劣势企业出口规模的扩大，即对外直接投资促进了对外贸易，形成一种对投资母国有利的顺贸易型投资。

例如，A 国自然资源富足、技术先进但劳动力资源缺乏，B 国劳动力资源丰富，但自然资源缺乏、技术落后，A 国劳动力资源处于比较劣势，此时 A 国将劳动密集型产业直接投资到 B 国，利用 B 国丰富的劳动力资源与本国所具有的其他优势进行生产，提高生产力，攫取市场。这不仅促进了 A 国对 B 国的投资，而且强调优势企业产品的出口，这便是“日本式对外直接投资”的策略所在。

虽然小岛清的边际产业扩张理论对芒德尔的投资贸易替代理论是一种挑战，但无疑也是对对外直接投资与国际贸易间关系研究的进一步深入和补充。“日本式对外直接投资”理论将国际投资和国际贸易融合到一个体系框架中，着重强调国际分工的重要性，指出对外直接投资并不是简单的资本流动，还包括技术、管理经验、人力资本等总体转移，得出对外直接投资与国际贸易互为补充的结论。这一理论创新是对发达国家对外直接投资理论的一大挑战，对发展中国家跨国公司进行投资决策具有重要的借鉴意义。

（二）贸易投资互补理论

继小岛清之后，马库森（Markusen，1983）也对芒德尔的投资贸易替代理论提出了质疑，他认为只要改变其理论模型中除了要素比例不同而其他要素完全相同的假设条件，得出的结论便与原始结论相悖，即对外直接投资与国际贸易间存在互补关系。为论证这一观点，马库森和史文森（Markusen and Svensson，1985）在 1985 年提出了贸易投资互补理论。该理论指出，贸易、非贸易要素是否呈现合作关系决定了要素流动和商品贸易间的关系，如果贸易、非贸易要素之间表现出合作关系，则贸易与投资互相促进；反之，则互相替代。该理论进一步从技术差异、生产征税、垄断、外部规模经济、市场扭曲等方面对其进行佐证。以技术差距为例，技术水平不同会导致要素生产率和要素价格产生差异，要素价格的差异会对贸易和要素流动起决定作用，若某一种要素变动引起贸易，而使用该要素生产的商品的贸易和非贸易要素表现出合作状态时，此时贸易与要素流动便会表现出互补状态。

马库森和史文森的研究指出，贸易投资存在替代关系的结论大多数是在关税引起贸易摩擦的情况下提出的，当关税减少的贸易量所带来的损失大于引致投资所带来的利益时，对外直接投资会对国际贸易产生替代作用。如果资本的流动不是由关税引起的，且资本主要流入出口部门并非进口替代部门，此时资本的流入必然会促进东道国出口部门的升级与发展，进而促进国际贸易。在这种情况下，对外直接投资与国际贸易间呈现出一种互补状态。

（三）补偿投资理论

针对对外直接投资和国际贸易问题，Bhagwati 等（1992）又从政治经济学角度提出了补偿投资的概念。他们认为，不仅仅是要素价格差异和贸易壁垒，还有不同利益集团的互相博弈等诸多因素会影响贸易与投资间的关系。补偿投资所要解释的是国际贸易与对外直接投资之间存在一种跨时期关系，从第一时期的利润最大化角度看，进行对外直接投资可能并不是一个最优选择，但第一时期对外直接投资可以避免东道国的贸易壁垒，减少贸易摩擦，从而减少贸易保护主义带来的损失。从贸易投资相互联系的跨时期角度看，第一时期贸易的损失由第二时期对外直接投资的所得利润补偿，第二时期将会实现总的利润最大化，这种投资称为补偿投资。最初这一概念是由 Bhagwati 等（1986）提出的，他们建立了 2×2×2 的一般贸易均衡模型，分析政府行为在补偿投资决策中的作用。之后，Dinopoulos（1989）进一步从寡头竞争和企业角度对补偿投资做了深入研究，考察出口企业如何利用补偿投资化解潜在的贸易壁垒威胁，如何进行对外直接投资。

补偿投资理论的提出，较好地解释了 20 世纪 80 年代中期日本对美国大规模直接投资的现象。自该理论兴起后，一系列学者也纷纷在补偿投资化解贸易威胁方面进行各种研究，成果丰富。

三、不确定关系理论

20 世纪七八十年代以来，随着国际分工不断深化，对于对外直接投资与国际贸易间关系的理论认识也在不断加深，不确定关系理论进一步拓展单纯的替代理论或互补理论的理论空间，尝试深入揭示对外直接投资与国际贸易间的复杂互动关系。

（一）国际生产折衷理论

在经济全球化背景下，企业在全球范围内配置资源，将价值链的不同环节配置在全球最佳区位，对外直接投资与国际贸易间的替代或互补关系也呈现出新的特征，尤其是跨国公司及其相关的对外直接投资在很大程度上促进了产业内贸易的发展，并使全球分工和国际贸易格局发生了新的变化。英国学者邓宁（Dunning，1981）提出的国际生产折衷理论融合了对外直接投资、国际贸易、区位选择等领域学者的理论思考，能够较好地刻画国际生产分工的新变化。

国际生产折衷理论尝试从企业微观角度将对外直接投资与国际贸易融合在一起，通过企业是否拥有所有权优势、内部化优势、区位优势来探讨企业如何对外进行对外直接投资或国际贸易。企业进行对外直接投资的前提是，它需要拥有超出别国企业的一定竞争优势，且其所有权优势使得该企业在国外生产比在国内生产更具优势；该企业有能力利用其所有权优势构建和组织企业自身的跨国生产网络，通过节约外部交易成本获取内部化优势；同时，这些生产经营需结合东道国当地的具体市场情况，如劳动力、原料、政府鼓励措施等区位因素；跨国公司国际化生产活动开展的基础是产品市场和要素市场的不完全性。

国际生产折衷理论强调企业所有权优势、内部化优势、区位优势紧密相联，缺一不可，企业同时具备这三种优势，便强烈倾向于开展国际化生产经营。若仅具备企业所有权优势，技术授权是企业的优先选项；若具备企业所有权优势和内部化优势，出口是企业的优先选项；若同时具备企业所有权优势、内部化优势和区位优势，对外直接投资是企业的优先选项。

虽然邓宁的国际生产折衷理论较为完备地解释了企业面临对外直接投资和国际贸易如何进行选择等问题，但是该理论的考察对象主要聚焦于发达国家，很难解释不具有各种优势的发展中国家跨国公司跨国投资行为，因此对发展中国家企业对外直接投资行为很难做出全面、合理的解释。

（二）投资贸易一体化理论

随着对外直接投资与国际贸易理论研究的进一步深化，对外直接投资与国际贸易相互融合、相互作用的趋势不断加强，学者也逐渐从国家和产业层面考虑对外直接投资与国际贸易的关系。与此同时，纵向对外直接投资、横向对外直接投资、综合对外直接投资也被纳入对外直接投资与国际贸易相关关系的理论框架中进行讨论。

Helpman（1984，1985）从交易成本和生产成本的角度考虑企业实行纵向一体化生产的动因，提出并完善了纵向一体化对外直接投资理论。纵向一体化对外直接投资的跨国公司一般将公司总部保留在资本相对富裕的母国，将实际生产活动转移至劳动力相对富裕的东道国，从而推动母国相关总部服务的净出口和东道国相关最终产品的净出口。这就表明，纵向一体化对外直接投资会促进国际贸易的增加。

Markusen（1984）最早提出了横向一体化对外直接投资理论，他认为跨国公司具有雄厚的研究和开发力量，会成为与东道国进行竞争的有力武器，只有在世界范围内建立跨国公司，进行产品生产与经营才能够获得充足利润。该理论分析表明，当两国具有相似的要素禀赋和市场规模时，跨国公司的出现会使得对外直接投资替代国际贸易，促使两国间贸易量变小。

虽然横向一体化对外直接投资理论与纵向一体化对外直接投资理论互不兼容，但在实际情况中，垂直型对外直接投资活动和水平型对外直接投资活动处于一种共存状态，学者基于对这一现象的思考，将横向对外直接投资和纵向对外直接投资纳入综合一体化对外直接投资理论框架，建立了知识-资本模型（knowledge-capital model），即综合一体化模型。

Markusen 和 Venables（1996）、Markusen 等（1996）提出的知识-资本模型尝试将水平型对外直接投资和垂直型对外直接投资融合在一起来探讨对外直接投资与国际贸易间到底呈现何种关系。垂直型跨国公司是将生产链条分解成不同环节和片段，根据东道国要素丰裕程度的不同将这些不同环节和片段配置到全球最佳区位，东道国要素丰裕程度的差异引导垂直型跨国公司的投资和生产配置于要素丰裕度不同的国家。与之相区别，水平型跨国公司将投资和生产配置于要素丰裕度相同或相似的国家，旨在尽量接近消费者而降低成本。该模型的结论指出，对于纵向一体化的企业来说，对外直接投资会促进国际贸易；而对于横向一体化的企业来说，对外直接投资会对贸易产生替代作用。综合一体化对外直接投资理论通过理论模型形象地描绘了对外直接投资与国际贸易间相互作用、相互融合的趋势，具有一定的说服力。

第三节 对外直接投资的贸易效应文献综述

基于上述理论脉络，关于对外直接投资贸易效应的相关研究相当丰富，本节从替代论、互补论和不确定论三个方面展开综述。

一、替代论

芒德尔是研究投资贸易替代关系的早期代表学者之一，他将相关政策变量引入生产要素价格模型，来研究限制性投资政策对贸易的影响和限制性贸易政策对投资的影响，发现投资对贸易会产生替代作用，并提出著名的关税引致投资假说（Mundell，1957）。此后，许多学者纷纷开始关注对外直接投资和国际贸易的关系并对其进行研究。Johnson 和 Grubel（1967）的研究表明，相关限制性贸易政策会使没有比较优势的进口替代部门率先获得发展，此时贸易额的增长受到抑制，而对外直接投资可以缓解这一现象并增加社会福利。Brainard（1993）从邻近-集中权衡的角度将跨国公司的区位选择问题与国际贸易理论联系在一起，发现跨国公司面临着在东道国直接生产销售和向该国出口的取舍问题并指出，若邻近优势比集中优势更显著，企业倾向于采用对外直接投资来替代出口。

随着理论的发展，实证检验的文献不断涌现，其中一些文献支持替代论。Adler 和 Stevens（1974）基于美国 1966 年化学和电子工程行业的数据实证检验德国、加拿大、日本三国的对外直接投资与出口关系，结果发现海外子公司销售额与投资母国之间存在负相关关系。Pain 和 Wakelin（1998）以 11 个经济合作与发展组织（Organization for Economic Co-operation and Development，OECD）国家作为样本，采用 1971～1992 年的对外直接投资和出口数据进行实证研究，结果表明对外直接投资总体上对出口具有替代作用。Gopinath 等（1999）运用美国食品加工业 1982～1994 年的行业数据，考察对外直接投资对本国食品加工业出口的影响，结果得到对外直接投资与出口之间存在替代关系。Head 和 Ries（2003）研究发现，生产效率差异是影响对外直接投资与国际贸易关系的重要因素，效率最高的外贸企业往往能承担得起对外直接投资所带来的固定成本的增加，而效率最低的外贸企业更多依赖出口，同时前者的对外直接投资会对出口产生替代效应。

二、互补论

随着 20 世纪 70 年代后世界分工模式沿着全球价值链不断深化，产业间、产业内贸易呈现出同时并存和增长的趋势（Helpman，1985），对外直接投资与国际贸易间呈现出新的时代特征，越来越多的研究倾向于支持互补论（胡兵和乔晶，2013）。Lipsey 和 Weiss（1981，1984）的实证研究表明，对外直接投资有利于母国的出口增长，根据目标国分组的发达国家与发展中国家样本也可得到同样结论。June-Dong 和 In-Soo（1997）基于韩国对外直接投资与出口的行业数据进行实证研究，结果表明韩国对外直接投资正向促进其出口。Lipsey（1994）的研究采用日本、美国、瑞典三国制造业行业的跨国公司数据，结果发现日本对外直接投资母公司对另外两地的出口与母公司的生产额存在正相关关系，且这种关系随着时间的推移而增强，美国、瑞典亦然。

随着我国出口和对外直接投资的发展，针对我国特征事实的研究日渐增多，其中，大多文献支持互补论。邱黎黎（2005）理论和实证分析了我国对外直接投资对进口、出口、进出口贸易的影响，结果显示我国对外直接投资对贸易规模在长期具有正向影响。项本武（2009）运用面板协整和误差修正模型实证分析了我国对外直接投资与国际贸易间的关系，结果发现我国对外直接投资对我国贸易的短期调节作用不明显，长期拉动作用显著。陈立敏等（2010）的研究针对我国贸易和对外直接投资的双变量数据，运用广义最小二乘法进行面板估计，结果表明我国对外直接投资对贸易发展具有明显的促进作用。张纪凤和黄萍（2013）采用 2004～2010 年 35 个国家的面板数据，运用混合回归模型进行经验分析，结果发现我国对外直接投资对出口贸易存在明显的促进作用。蒋冠宏和蒋殿春（2014）发现，我国企业对外直接投资的商贸服务、当地生产销售、技术研发、资源寻求四种类型的出口效应并不相同，对外直接投资总体上促进了企业出口。

毛其淋和许家云（2014a）结合“中国工业企业数据库”和“海关数据库”的实证研究表明，我国企业的对外直接投资存在出口创造效应，对外直接投资提高了企业产品的出口销售比例和企业的出口概率，并延长了企业的出口持续期，降低了企业从出口市场退出的风险。王恕立和向姣姣（2014）基于2003～2012年我国对45个国家的直接投资和贸易数据展开实证研究，结果显示我国对外直接投资显著促进了出口增长。郎丽华和刘新宇（2016）基于2003～2014年我国对143个国家的直接投资和贸易数据展开实证研究，结果表明我国对外直接投资增加 1%会导致出口规模增加0.435%。顾雪松等（2016）运用2003～2011年我国对108个东道国的对外直接投资和出口贸易数据，建立面板模型对两者关系进行分析，结果表明我国对外直接投资对出口具有明显的创造效应，且随着产业结构差异程度的提高，对外直接投资的出口创造效应增强。王杰等（2016）采用中国对外直接投资数据、海关进出口数据和工业企业数据的合并数据进行实证研究，结果表明对外直接投资降低了企业退出出口市场的风险，有利于延长企业出口持续时间，增强了出口企业与特定出口目的国的贸易稳定性。

三、不确定论

不少学者的研究揭示，对外直接投资和国际贸易之间的关系呈现为替代抑或是互补，与对外直接投资的动机和类型（Schmitz and Helmberger，1970；Gray and Dawn，1998）、阶段和规模（Bergsten，1974）等各类因素相关，呈现出不确定性（胡兵和乔晶，2013；乔晶和胡兵，2015；顾雪松等，2016）。

Head 和 Ries（2003）运用1966～1990年932家日本制造业的数据分析投资与贸易的关系，结果显示对外直接投资与国际贸易间是替代抑或是互补关系，与横向或纵向的投资方式相关，以垂直方式进行的对外直接投资对贸易的影响表现为促进作用，以水平方式进行的对外直接投资对贸易的影响表现为替代作用，且前者的影响超过后者。这一结论与横向纵向一体化对外直接投资相关理论的预期相吻合。Swenson（2004）运用1974～1994年部分经济合作与发展组织国家对美国对外直接投资和贸易数据建立面板数据模型进行实证分析，结果发现对外直接投资与国际贸易之间到底是替代还是补充关系取决于产业分类的精细化程度，使用二位数 SIC（standard industrial classification，标准产业分类）产品分类数据的结果支持互补论，使用三位数 SIC 产品分类数据的结果支持替代论。Swenson（2004）认为，对外直接投资在直接生产的细分产品上会替代母国的出口，但在关联产品上会促进母国的出口。

王洪亮和徐霞（2003）运用 1983～2001 年日本跨国公司在华对外直接投资数据与进出口贸易数据进行实证分析，结果发现日本对我国的对外直接投资在短期对出口具有替代作用，而在长期对出口具有补充作用。蔡锐和刘泉（2004）基于 1990～1999 年的对外直接和国际贸易数据，运用岭回归方法展开实证研究，结果发现发达国家对我国的对外直接投资和我国对非发达国家的对外直接投资均对贸易具有正向促进作用，而非发达国家对我国的对外直接投资和我国对发达国家的对外直接投资对贸易影响则未体现出明显关系。针对我国对外直接投资和贸易发展特征事实的相关研究，其结论也与我国对外直接投资的目的地、投资行业、投资类型等因素相关。王迎新（2003）、陈立敏（2010）的研究发现，我国在发达国家的直接投资多为研究开发型和服务贸易型等非生产性项目，在发展中国家的直接投资多为生产加工型和资源开发型等非贸易性项目，服务贸易型投资和资源开发型投资会正向影响我国贸易规模，生产加工型投资对贸易规模的影响比较复杂，而研究开发型投资则是为了吸收发达国家先进技术，在一定程度上会提高我国出口产品的国际竞争力。张如庆（2005）为验证我国对外直接投资和进出口贸易之间的关系，采用 1982～2002 年相关数据进行协整检验和格兰杰因果关系检验，结果表明我国对外直接投资与进出口都只存在单项因果关系，即对外直接投资不是进出口变化的原因，但进出口却是对外直接投资变化的原因。结论指出，对外直接投资对贸易的补充和替代作用并不明显，原因可能是这一时期内对外贸易增长速度远远超过对外直接投资。胡兵和乔晶（2013）基于 2003～2010 年中国与 62 个国家对外直接投资和双边贸易数据对两者关系进行实证研究，结果发现中国对发展中国家的对外直接投资对出口具有明显的促进作用，而对发达国家的对外直接投资对出口却具有替代作用，但总体上我国对外直接投资表现出微弱的贸易替代现象。郭惠君和孙玉琴（2016）选取2005～2014年中国对中亚五国的对外直接投资和出口贸易数据对两者关系进行研究，结果表明中国对中亚五国的对外直接投资的贸易促进作用在长期效果明显，但短期来看效果并不显著。

整体来看，现有文献大多支持我国对外直接投资促进了我国的出口增长，也有研究发现两者之间替代或互补的关系不确定或者并无显著关系（顾雪松等，2016）。对外直接投资可能存在逆向技术溢出等效应，因此其贸易效应不仅表现为对出口数量的影响，也应表现为对出口质量的影响，近年来这一主题的文献正逐渐增多。蒋冠宏等（2013）、毛其淋和许家云（2014b）、景光正和李平（2016）的研究表明，我国企业对外直接投资的逆向技术溢出较为明显，能够促进本国企业技术进步，提升企业出口质量。Cozza等（2015）基于我国进入欧洲投资的企业微观数据，采用倾向得分匹配和双重差分方法进行实证研究，结果表明对外直接投资活动显著稳健地促进这些公司在国内的企业规模扩大和生产率提高。杜威剑和李梦洁（2015）的研究发现，发展中国家可以通过并购、联合研发等方式“以资金换技术”，整合发达国家优势技术资源，进行企业技术创新与产品升级。与向低收入国家对外直接投资相比，发展中国家企业向高收入国家对外直接投资所导致的企业产品升级效应更强。刘斌等（2015）运用对外直接投资和世界投入产出表等数据进行实证分析，结果显示对外直接投资能够显著提高企业在全球价值链体系中的“分工地位”，投资于发达国家有利于企业产品升级，投资于发展中国家有利于企业功能升级。另外，一些研究表明，我国现阶段对外直接投资的正向外溢效应并未显现（尹东东和张建清，2016），或者其效应的发挥受到市场机制、制度质量等条件的约束，甚至会产生负向的溢出效应（Gorg and Greenaway，2004）。

第四节　本 章 小 结

对外直接投资和国际贸易理论伴随着世界生产和跨国经营实践的发展

而不断发展，并在各自的理论框架中保持了相当长的时间。早期的对外直接投资理论研究更多关注探讨发达国家对外直接投资的动因、影响因素及外部效应等问题。随着新兴经济体的兴起，发展中国家对外直接投资活动日渐增多并表现出一些异于发达国家企业跨国投资的特质，学者对发展中国家对外直接投资行为越来越关注，提出了不少有价值的理论。与此同时，国际贸易理论也经历了古典贸易理论、新古典贸易理论、新贸易理论、新新贸易理论等发展过程，使得理论研究越来越贴近现实。

随着 20 世纪后半叶全球化的不断深化，对外直接投资与国际贸易实践越来越复杂，对外直接投资与国际贸易间的联系日益密切，相关文献越来越关注两者间的互动关系。从对外直接投资如何影响贸易角度来看，存在替代关系、互补关系、不确定关系的分歧，针对我国特征事实的现有相关研究也未得到一致结论。由于 2003 年以前我国对外直接投资的规模相对较小，其贸易效应并不显著或不稳健，且此前相关的统计数据比较匮乏，限制了实证模型和检验工具的选择与运用，不少早期的实证研究采用宏观数据的时间序列分析且未对可能存在的内生性问题进行很好地控制。另外，研究我国企业对外直接投资的出口数量效应的文献相对丰富，而研究出口质量效应的文献相对不足。随着我国企业对外直接投资行为的日渐活跃，以及相关统计数据的日益丰富和规范，将这一领域的研究推向系统深入显得越来越必要，也越来越可行。

第三章　我国对外直接投资和出口贸易发展的事实与判断

本章第一节从投资主体、投资目的地、投资行业等维度考察我国企业的对外直接投资行为，提炼出“当前阶段我国企业对外直接投资存量处于世界较低水平，但流量增长速度快”“对外直接投资的重要目的是加强国内生产，提高企业的技术水平和竞争实力进而拓展国际发展空间”等特征事实，明晰当前阶段我国企业对外直接投资具有明显的价值链拓展诉求这一基本判断。第二节从出口数量和出口质量两个维度考察我国的出口贸易发展，总结我国货物贸易出口数量增长成就显著但出口质量有待提升的特征事实。第三节进一步运用双边随机前沿模型测算我国投资的前沿水平，以及实际投资相对于前沿水平的偏离程度。

第一节　我国对外直接投资：格局与特征

改革开放初期，我国企业不具备对外直接投资的实力和条件，因外汇短缺，国家也不鼓励企业对外直接投资。其后，特别是 20 世纪 90 年代以来，国家相关政策逐渐宽松，我国不少企业开始通过对外直接投资形式“走出去”，但在此期间，我国企业对外直接投资的总量和规模并不耀眼，尤其是相对于我国引进外商直接投资的总量和规模而言。世纪之交，我国开始实施“走出去”等战略，逐渐放松管制，鼓励企业开展对外直接投资，对外直接投资进入快速发展的阶段。2017 年，我国对外直接投资按流量计算已达 1582.88 亿美元，位居世界第三，并且超过当年我国引进的外商直接投资（中华人民共和国商务部等，2018）。

刻画我国对外直接投资的基本格局，可以参照历年发布的《中国对外直接投资统计公报》。我国在2002年参照经济合作与发展组织和国际货币基金组织等国际机构关于对外直接投资的定义、统计原则和计算方法，专门制定了《对外直接投资统计制度》，商务部、国家统计局和国家外汇管理局从次年开始按照《对外直接投资统计制度》联合发布每个年度的《中国对外直接投资统计公报》。《中国对外直接投资统计公报》全面及时地记录和反映了我国企业对外直接投资的全貌，根据其数据，截至2017年底，我国在国（境）外共设立对外直接投资企业3.92万家，目的地分布在全球189个国家（地区）（中华人民共和国商务部等，2018）。《中国对外直接投资统计公报》对我国企业对外直接投资的行业、区域分布格局等也有详细统计和描述，但需要注意的是，《中国对外直接投资统计公报》发布的是概括和汇总的宏观数据，且在概括汇总时并未区分企业对外直接投资的目的地是中转地还是最终目的地，其对我国对外直接投资的行业、区域分布格局等的统计和描述可能会形成误导（王碧珺，2013）。因此，本书结合《中国对外直接投资统计公报》和其他来源的企业级微观数据总结我国企业对外直接投资的基本格局，力图揭示当前阶段我国企业对外直接投资的真实图景。

（一）投资主体

从投资主体的分布格局来看，国有企业在我国对外直接投资中扮演着重要角色，但实际上，我国民营企业的对外直接投资行为越来越活跃，国有企业的重要角色主要体现在单个项目的投资数额上而非投资项目的总数上，而且国有企业的相对重要性在不断下降（王碧珺，2013）。根据王碧珺（2013）的统计数据，2010年我国对外直接投资中国有企业在投资数额上所占比重为66%，但在投资项目总数上所占比重仅为10.2%；时间趋势显示，前一比重从2007年的71%下降到2010年的66%，后一比重从2003年的43%下降到2010年的10.2%。另外，荣鼎集团（Rhodium Group）的直接投资数据库详细记录了我国对美国和欧盟价值超过100万美元的并购与绿地投资案例。根据该数据库，2000～2011年我国对美国投资547例，其中140例由国有企业完成；对欧盟投资573例，其中214例由国有企业完成。

国有企业在我国对外直接投资交易案例数中的比重比想象中要小得多，而且比重还在下降，但国有企业投资案例的交易额一般比其他类型的企业要大得多。与民营企业相比，我国国有企业在海外扩张过程中面临的融资约束相对宽松，有时还承担了部分实现国家战略目标的责任。由于国有企业单个投资项目的金额较大，容易引起投资目的地国家和国际社会的特别关注，甚至疑虑和猜忌，特别是在我国经济自身的特殊性未被正确认识，有时甚至被故意曲解的情况下，这些疑虑和猜忌很容易导致我国对外直接投资受到不公正对待。例如，我国在非洲国家的对外直接投资就出现了“资源掠夺论”“新殖民主义”等论调（乔晶和胡兵，2014）。但实际上，近年来我国非国有企业的对外直接投资行为越来越活跃，而且越来越多的证据表明我国国有企业亦更多地遵循市场纪律而非政府意志（Barton and Huang，2007）。

（二）投资目的地

从投资目的地的分布格局来看，根据《中国对外直接投资统计公报》提供的我国对外直接投资的详细分国别数据汇总，我国对外直接投资主要流向亚洲国家（地区）。2003～2017 年，我国对亚洲国家（地区）的投资流量占比平均达到 63.97%，2017 年这一指标为 69.52%；截至 2017 年底我国对亚洲国家（地区）的投资存量占比为 62.98%。但由于《中国对外直接投资统计公报》未区分企业对外直接投资的目的地是中转地还是最终目的地，这些数据不能准确地刻画我国对外直接投资的区域分布格局。以 2017 年为例，中国内地（大陆）向中国香港[①]、英属维尔京群岛两地分别投资 911.53 亿美元、193.01 亿美元，两地之和占中国内地（大陆）2017 年对外直接投资流量 1582.88 亿美元的 69.78%，而实际上，中国内地（大陆）对这两地的很大部分投资最终经由这些地区中转而投向了其他国家（地区）。

考察我国对外直接投资的最终目的地国家（地区），需要结合特定发展阶段我国企业对外直接投资的动机和目的。我国在进入 21 世纪后开始迅速增长的对外直接投资的一个重要动机和目的是，寻求从具有比较优势的

① 《中国对外直接投资统计公报》将港澳台地区作为我国对外直接投资目的地。

"微笑曲线"低端的加工装配环节向不具有比较优势的附加值更高的两端拓展。何帆（2013）将其概括为价值链拓展型，向上游的拓展是为了寻求能源和原材料的供应、取得核心技术，向下游的拓展是为了寻求销售、配送网络、建立品牌，从而扩大销售市场。因此，现阶段我国对外直接投资从发展中国家的顺梯度和发达国家的逆梯度两个方向同时展开。如果说我国早先的大部分海外投资流向发展中国家旨在获取矿产能源等自然资源，以及开拓发展中国家的市场，现在我国越来越多的企业开始尝试向发达国家投资旨在获取技术、品牌及市场（乔晶和胡兵，2014）。根据王碧珺（2013）的统计数据，无论是平均投资额达 3.39 亿美元的大型投资项目，还是以浙江省为代表的平均投资额为 140 万美元的中小民营企业对外投资项目，其投资目的地主要是澳大利亚、中国香港、美国、德国、加拿大等发达国家（地区）。

（三）投资行业

从投资行业的分布格局来看，根据《中国对外直接投资统计公报》提供的我国对外直接投资的详细分行业数据汇总，截至 2017 年我国对外直接投资存量中第二产业占比为 19.94%，其中采矿业和制造业占比分别为 8.72% 和 7.76%，而租赁和商务服务业等第三产业占比为 79.15%；按流量计算，2005～2017 年我国对外直接投资的流量分布中第二产业占比平均为 26.27%，其中采矿业和制造业占比平均分别为 13.21%和 9.60%，而租赁和商务服务业等第三产业占比平均为 69.78%。

作为服务业发展相对滞后的制造业大国，我国服务业对外直接投资远超过制造业对外直接投资，而制造业对外直接投资所占比重远低于同期发达国家和其他发展中国家的同一指标，这也是《中国对外直接投资统计公报》发布的汇总数据容易引起误导的一个地方（王碧珺，2013）。2017 年，中国内地（大陆）向中国香港、英属维尔京群岛两个国际避税地的直接投资占我国投资总额的比重接近 70%，而实际上，我国不少企业只是将这些国际避税地作为"投资中转地"，通过中转地设立的投资公司或者对外直接投资的平台公司（一般登记为商务服务业）投资其他国家（地区）的制造业等实体行业。王碧珺（2013）整理分析了我国企业对外直接投资的微观数据，发现服务业不是我国对外直接投资的主要行业，采矿业和制造业才是我国对外直接投资的主要行业；采矿业和制造业在我国对外直接投资行业分布中所占比重大约为 75%，按投资额计算，采矿业和制造业分别占 52%、23%，按投资项目数计算，采矿业和制造业分别占 32%、42%。

综上所述，当前阶段我国对外直接投资的主要特征可总结概括为两点。

（一）我国对外直接投资存量处于世界较低水平，但流量增长速度快

表 3-1 列出了按 GDP 规模排序的 2017 年世界主要国家的 GDP 与对外直接投资存量情况。从存量来看，我国企业对外直接投资与其他国家相比并不突出。2017 年，我国对外直接投资存量为 18 090 亿美元，占当年 GDP 比重为 14.78%，世界平均为 38.22%。这一指标在表 3-1 列出的世界国家中仅比印度高，低于墨西哥、巴西、韩国、俄罗斯等国，与美国、日本、德国、英国等国的差距较大，2017 年末投资存量相当于同期美国的 23.20%。考虑到 21 世纪以来，尤其是 2003 年以来我国企业对外直接投资的快速增长，如果按照世纪之交时的数据来测算，我国企业对外直接投资存量更处于一个相对较低的水平，与我国的经济体量和规模并不相称。

表 3-1　2017 年世界主要国家的 GDP 与对外直接投资存量

国家	GDP/亿美元	对外直接投资存量/亿美元	对外直接投资存量占 GDP 比重/%
美国	193 906	77 990	40.22
中国	122 377	18 090	14.78
日本	48 721	15 200	31.20
德国	36 774	16 074	43.71
英国	26 224	15 317	58.41
印度	25 975	1 553	5.98
法国	25 825	14 517	56.21
巴西	20 555	3 589	17.46
意大利	19 348	5 329	27.54
加拿大	16 530	14 871	89.96
俄罗斯	15 775	3 823	24.23
韩国	15 308	3 558	23.24

续表

国家	GDP/亿美元	对外直接投资存量/亿美元	对外直接投资存量占 GDP 比重/%
澳大利亚	13 234	4 606	34.80
西班牙	13 113	5 973	45.55
墨西哥	11 499	1 801	15.66
世界	806 838	308 379	38.22

注：根据世界银行世界发展指标（WDI）数据库、联合国贸易和发展会议数据库、《2017 年度中国对外直接投资统计公报》的数据计算整理

我国对外直接投资存量规模在世界并不突出的特征事实与我国经济的发展阶段相关，而且我国企业对外直接投资起步较晚（中华人民共和国商务部等，2018），但作为国际资本市场的“新人”，我国对外直接投资在 21 世纪以来，尤其是 2003 年以来展现出了迅猛增长的势头[①]，引起了国际社会的广泛关注。2013～2017 年，世界对外直接投资流量平均增速为 7.29%，我国为 31.79%，同期我国占全球对外直接投资流量在当年度的比重由 0.54% 上升到 11.07%，在世界的排名由 2003 年的第 21 位上升到 2009 年的第 5 位、2012 年的第 3 位、2015 年和 2016 年的第 2 位、2017 年的第 3 位。同时，对外直接投资的迅速增长使得我国从一个引进外商直接投资的大国转变为一个双向资本流动的大国。图 3-1 和图 3-2 直观地呈现了 2003～2017 年我国对外直接投资流量的增长态势，2003 年我国对外直接投资额仅为 28.55 亿美元，到 2014 年、2015 年、2016 年、2017 年分别增长到 1231.20 亿美元、1456.67 亿美元、1961.49 亿美元、1582.88 亿美元，均超过当年我国的引进外商直接投资额（中华人民共和国商务部等，2018；国家统计局，2018）。按照这个趋势，可以说我国对外直接投资已进入关键成长期，在可预计的未来还将以较快的速度增长（乔晶和胡兵，2014）。

① 2002 年，中国参照经济合作与发展组织、国际货币基金组织等关于对外直接投资的定义、统计原则及计算方法，制定《对外直接投资统计制度》，并于 2003 年开始每年由商务部、国家统计局、国家外汇管理局按照新制度准则联合发布《中国对外直接投资统计公报》，全面及时地记录和反映我国对外直接投资的全貌。这一时期正是我国对外直接投资进入快速发展的时期，本书选择 2003 年以来的数据进行考察，能够较好地反映中国对外直接投资的最新动向和趋势。

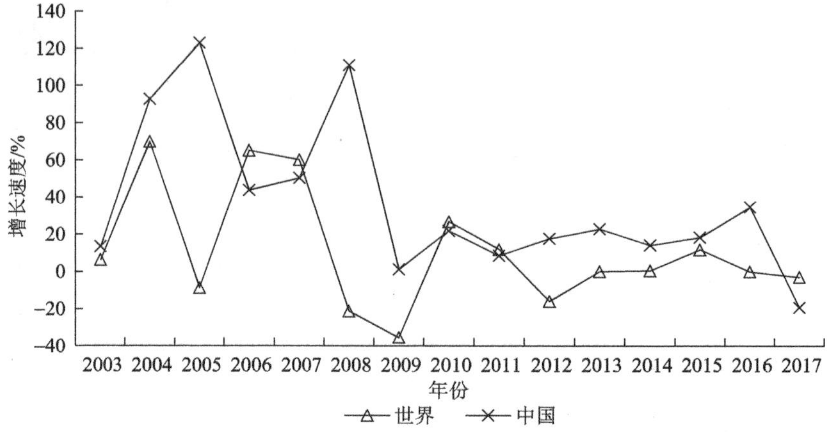

图 3-1　2003～2017 年我国与世界对外直接投资流量增长速度比较

资料来源：联合国贸易和发展会议数据库和《2017 年度中国对外直接投资统计公报》

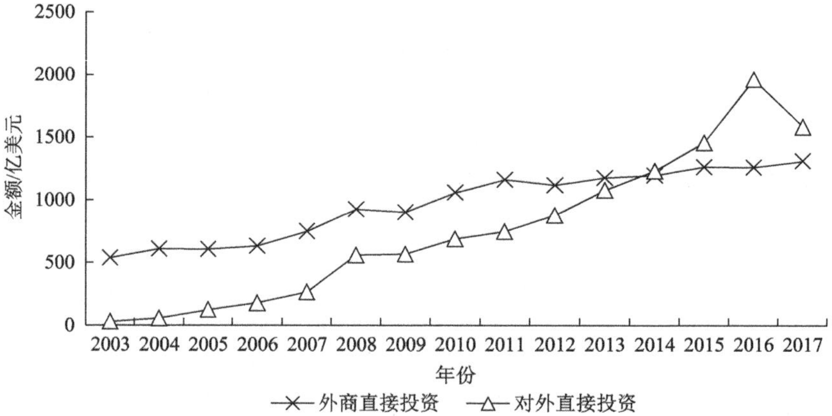

图 3-2　2003～2017 年我国外商直接投资与对外直接投资的比较

资料来源：《中国统计年鉴 2018》和 2011～2017 年的《中国对外直接投资统计公报》

（二）我国企业对外直接投资的重要目的是加强国内生产，提高企业技术水平和竞争实力

底子薄，起步晚，增速快，我国企业似乎突然崛起于对外直接投资领域，而且从微观和宏观角度现有主流理论都不能很好地解释我国企业的对外直接投资行为。微观上，现阶段我国众多对外直接投资企业并不具备发达国家的企业特定优势（裴长洪和樊瑛，2010）和生产率（技术）优势，在全球范围内整合资源的视野、经验和能力与竞争对手相比也有所欠缺（乔

晶和胡兵，2014）。宏观上，现阶段我国企业对外直接投资的活跃程度也似乎超越了以人均GDP衡量的经济发展阶段。按照姚枝仲和李众敏（2011）的分析，每年超过500亿美元的对外直接投资流量是非常大的规模。美国是当前世界对外直接投资最多的国家，其年度对外直接投资额在人均GDP达到2.5万美元的1993年就超过500亿美元；另一个对外直接投资规模较大的代表性国家是日本，其年度对外直接投资额在人均GDP同样是2.5万美元的1990年首次超过500亿美元，其后下跌，2006年再次达到500亿美元时人均GDP为3.4万美元。与之对照，我国企业对外直接投资流量在2003年不到29亿美元，到2008年即超过500亿美元，对应的人均GDP为3400美元，在2013年对外直接投资额超过1000亿美元、2015年接近1500亿美元时，对应的人均GDP也仅分别为6992美元、7925美元[①]。

国情和发展阶段不同，使得当前我国对外直接投资模式既不同于美国和日本等发达国家，也不同于其他发展中国家，传统的水平型投资和垂直型投资亦不能很好地概括我国对外直接投资的特征（何帆，2013）。在很大程度上我国企业的对外直接投资既不表现为规避东道国出口限制的水平型投资，也不表现为分散生产转移过剩产能的垂直型投资，而是展现出明显的通过对外直接投资活动延伸生产与价值链的特征（姚枝仲和李众敏，2011）。结合Dunning（1981）、Buckley等（2007）、Ramasamy等（2012）的研究，可以按照投资动机和目的将对外直接投资划分为市场寻求型、资源寻求型、效率寻求型和技术寻求型等不同类型，这些投资类型在一定程度上能够刻画我国企业对外直接投资的特征事实，但仍需要结合我国发展的特定阶段和实际情况，厘清我国企业对外直接投资的基本逻辑与主要特征。我国在20世纪末大规模引进外商直接投资，通过加工制造业迅速融入全球生产网络和国际贸易体系，很快成长为世界制造业生产大国，主要工业产品的产量位居世界首位或前列，同时，我国制造业产品在世界市场展现出强劲的竞争力，出口规模位居第一（其中，工业制成品出口占比大约为95%）（国家统计局，2018）。经过几十年的发展，我国制造业获得了

① 参见姚枝仲和李众敏（2011），以及《2015年度中国对外直接投资统计公报》和世界银行世界发展指标数据库，未做价格调整。

巨大发展，但从全球垂直分工链条看，我国企业在产业链上下游的能源要素供给、技术研发、销售渠道和营销网络等环节缺乏相应的话语权，在制造业已达很大规模的基础上，继续在低附加值生产组装环节扩张的空间日益狭小，迫使一些企业通过对外直接投资向价值链两端扩展。可以说，我国企业在进入21世纪以来对外直接投资行为的“异常”活跃是当前阶段我国制造业发展逻辑的自然延伸，对外直接投资不是为了充分利用企业的现有优势，而在很大程度上是为了加强国内生产，进一步提高企业的技术水平和竞争实力，进而拓展国际发展空间（王碧珺，2013）。这一判断可以与上面探讨的我国对外直接投资的主体、目的地、行业等基本格局相互印证。现阶段，我国既向发展中国家投资也向发达国家投资，其中向发展中国家的投资出现了不少投向矿产能源等行业的项目，单个项目投资额相对较大，投资主体一般为融资约束相对更宽松的国有企业，投资的一个重要目的是缓解我国制造业达到很大规模后的资源约束。此外，越来越多的企业，特别是非国有企业开始向发达国家投资，投资行业主要为制造业或制造业相关的行业，投资的一个重要目的是寻求技术、品牌等战略性资源，进一步提高企业的技术水平和竞争实力，进而拓展在全球价值链环节的话语权和国际发展空间①。

第二节　我国出口贸易发展：数量与质量②

一、我国出口贸易的数量增长

改革开放以来，我国实现了从计划经济向市场经济、封闭经济向开放

① 刘青等（2017）基于全球并购案例微观数据开展研究，发现我国企业对外直接投资表现出一定的市场寻求和矿产金属等资源寻求特征，随着经济发展到新阶段，我国企业对外直接投资越来越表现出较强烈的技术、品牌、创新等战略性资源寻求动机。

② 本节国际贸易相关原始数据来自世界贸易组织数据库及历年《中国统计年鉴》。

经济的转变，对外贸易表现出持续强劲的发展态势。进出口总额由 1978 年的 206.40 亿美元增长到 2017 年的 41 071.64 亿美元，增长了 190 多倍，年均增长率为 14.54%，是同期世界进出口总额年均增长率 6.89%的 2 倍多。我国在世界贸易中的排名从改革开放初期的第 30 位上升到 2013 年的第 1 位，并在此后继续保持全球最大贸易国地位。在出口贸易方面，1978 年我国出口额为 97.50 亿美元，占世界出口总额比重为 0.79%，世界出口排名第 27 位；此后四年出口保持逐年增长势头，出口额由 1979 年的 136.60 亿美元增长到 1982 年的 223.20 亿美元，占世界出口总额比重从 0.84%上升到 1.24%，世界出口排名由第 30 位提高到第 17 位。1983 年以后的 25 年间，中国出口贸易呈现出持续攀升的发展态势，出口额由 1984 年的 261.40 亿美元增长到 2008 年的 14 306.93 亿美元，年均增长率约为 18.15%，占世界出口总额比重从 1.40%上升到 8.88%，出口排名在 2007 年和 2008 年连续两年保持世界第二位（位列德国之后）[①]。受全球金融危机影响，2009 年世界各国（地区）的出口贸易出现不同幅度的下降，但我国的降幅相对较小，使得该年度我国出口占世界份额达到改革开放以来的最高水平（9.62%），并且首次超越德国，使我国成为世界最大出口国[②]。2010～2014 年，我国出口贸易出现恢复性反弹，并保持逐年增长的发展趋势，但增长速度呈逐年放缓态势（由 2010 年的 31.30%下降到 2011 年的 20.32%，再到 2012 年的 7.92%，2013 年的 7.82%，2014 年的 6.03%）；出口额占世界出口总额比重持续增加，出口世界排名依然保持第一位。2017 年，中国出口额已达 22 633.71 亿美元，占世界出口总额比重为 13.78%，2009 年以来连续位列世界出口排名第一（表 3-2）。

① 根据世界贸易组织数据库的数据，2007 年中国和德国出口额分别为 1.22 万亿美元和 1.32 万亿美元，2008 年两国出口额分别为 1.43 万亿美元和 1.45 万亿美元。

② 世界贸易组织发布的 *World Trade Report 2010* 显示，2009 年世界所有国家和地区按实际价格计算的出口额均有所下降。其中，美国、欧盟和日本分别下降 13.9%、14.8%和 24.9%，均超过世界平均降幅 12.2%；而中国的出口则下跌 10.5%，低于世界平均降幅。2009 年中国出口额达 1.20 万亿美元，占世界出口总额比重为 9.6%；而德国出口额为 1.12 万亿美元，占世界出口总额比重为 9.0%，中国首次取代德国成为世界最大出口国。

表 3-2　1978～2017 年我国出口贸易相关指标变动情况

年份	出口额/亿美元	出口增长率/%	出口额占GDP 比重/%	出口额占世界出口总额比重/%	出口居世界位次
1978	97.50	28.46	4.60	0.79	27
1979	136.60	40.10	7.52	0.84	30
1980	181.19	32.64	5.97	0.91	26
1981	220.10	21.47	7.07	1.13	19
1982	223.20	1.41	8.61	1.24	17
1983	222.30	−0.40	13.95	1.26	17
1984	261.40	17.59	14.58	1.40	18
1985	273.50	4.63	8.97	1.45	17
1986	309.40	13.13	13.66	1.49	16
1987	394.40	27.47	12.95	1.61	16
1988	475.20	20.49	13.79	1.70	16
1989	525.40	10.56	15.60	1.73	14
1990	620.91	18.18	15.99	1.79	15
1991	718.43	15.71	17.57	2.02	13
1992	849.40	18.23	17.37	2.23	11
1993	917.44	8.01	14.96	2.40	11
1994	1 210.06	31.90	21.62	2.79	11
1995	1 487.80	22.95	20.48	2.88	11
1996	1 510.48	1.52	17.67	2.79	11
1997	1 827.92	21.02	19.20	3.26	10
1998	1 837.12	0.50	18.04	3.33	9
1999	1 949.31	6.11	18.02	3.41	9
2000	2 492.03	27.84	20.80	3.86	7
2001	2 660.98	6.78	20.09	4.30	6
2002	3 255.96	22.36	22.39	5.01	5
2003	4 382.28	34.59	26.72	5.78	4
2004	5 933.26	35.39	30.55	6.44	3
2005	7 619.53	28.42	33.70	7.26	3

续表

年份	出口额/亿美元	出口增长率/%	出口额占GDP 比重/%	出口额占世界出口总额比重/%	出口居世界位次
2006	9 689.78	27.17	35.87	8.00	3
2007	12 200.60	25.91	35.16	8.72	2
2008	14 306.93	17.26	31.97	8.88	2
2009	12 016.12	−16.01	24.06	9.62	1
2010	15 777.54	31.30	26.17	10.33	1
2011	18 983.81	20.32	25.46	10.40	1
2012	20 487.14	7.92	24.22	11.13	1
2013	22 090.04	7.82	23.32	11.76	1
2014	23 422.93	6.03	22.62	12.33	1
2015	22 734.68	−2.94	20.87	13.80	1
2016	20 976.31	−7.73	18.62	13.08	1
2017	22 633.71	7.90	18.54	12.78	1

资料来源：《中国统计年鉴 2018》、《中国贸易外经统计年鉴 2018》和世界贸易组织数据库

总体来看，1978～2017 年我国出口额增长了 230 多倍，年均增长率为 14.99%，是同期世界出口额年均增长率 6.91%的 2 倍多。综合上述分析，改革开放以来，中国出口贸易在数量方面整体上呈现出逐年增长的发展趋势。出口贸易的快速发展，使其成为推动我国经济持续高速增长的“发动机”之一。1978 年，我国出口额占 GDP 比重为 4.60%；1979 年到 20 世纪末，出口依存度表现出虽小幅波动但总体上升的变动特征；2000 年以来，我国出口额占 GDP 比重整体上呈现出先快速上升后缓慢下降的发展趋势，即便是占比较少的 2017 年，出口额占 GDP 比重也达到了 18.54%（表 3-2），在世界大经济体和贸易大国中处于一个较高水平。从上述分析可知，改革开放以来，我国出口贸易的发展取得了巨大成就，出口数量已稳居世界第一，对改革开放期间我国经济的快速增长也起到了较大的推动作用；随着近年来国际国内形势出现的新变化，出口数量上的增速有所回落，特别是在我国出口数量达到较大规模后，更多关注出口质量的提升将是明智的选择。

二、我国出口贸易的质量提升

改革开放以来，特别是 20 世纪 90 年代以来，我国出口贸易在数量方面快速增长，出口商品的结构也不断得以优化，出口商品的技术含量不断提高，出口质量不断提升（姚洋和章林峰，2008；殷德生，2011；Pula and Santabdrbara，2011）。具体而言，我国出口产品质量的提升主要体现在：①出口商品结构经历了 20 世纪 80 年代中期之前初级产品和工业制成品大体相当，到后来工业制成品占绝对主导的发展过程；②21 世纪以来，资本密集型产品取代劳动密集型产品成为工业制成品出口的主要内容；③高技术产品出口额持续增加，对出口贸易的贡献不断增强。

工业制成品和初级产品在出口贸易中的相对份额是反映一个国家(地区)工业化水平、出口商品结构优化程度、出口质量状况的重要指标。图 3-3 呈现了 1980～2017 年我国出口贸易中工业制成品与初级产品出口比重变动状况。总体来看，两者的演变轨迹大致可以分为两个阶段：第一阶段（1980～1985 年），工业制成品出口比重呈现出先上升后下降的变动趋势，而初级产品出口比重刚好相反（先下降后上升）；该阶段两头的时间点上初级产品出口比重略超过工业制成品出口比重，而 1981 年工业制成品出口比重首次超过初级产品出口比重，成为我国出口的主要商品，并在之后三年中保持同样优势。从出口的具体商品来看，煤炭、石油等资源性产品是第一阶

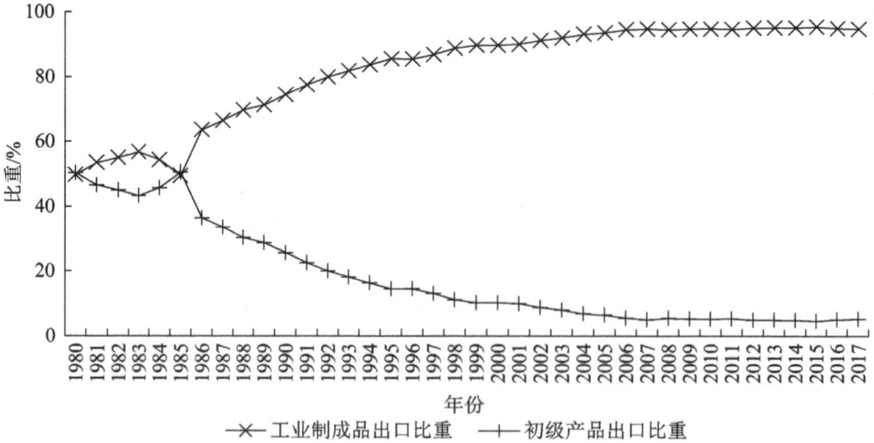

图 3-3　1980～2017 年工业制成品与初级产品出口比重的比较

资料来源：《中国贸易外经统计年鉴 2018》

段我国出口贸易的主导商品。第二阶段（1986～2017 年），工业制成品出口比重表现出逐年增长的发展势头，2006 年以来出口比重稳定在大约 95% 的高位水平，虽然 2016 年、2017 年稍有下降，但仍分别达到了 94.99%、94.80%；该阶段出口主导商品经历了 20 世纪 90 年代中期之前以服装纺织等劳动密集型产品为主，到后来以机电等资本技术密集型产品为主的变化过程。综上所述，近年来工业制成品出口比重持续增加，并占绝对主导地位，表明我国出口商品的结构已明显优化，出口贸易的质量得到显著改善。

出口贸易在经历了由初级产品和工业制成品大致相当，到工业制成品占绝对主导的阶段后，出口贸易结构优化升级及其质量改善程度就体现在工业制成品内部出口产品的结构特征上。根据工业制成品生产要素密集度，结合国际贸易标准分类（standard international trade classification，SITC）方法①，将工业制成品内部的 5 类（化学品及有关产品）和 7 类（机械及运输设备）商品划分为资本技术密集型产品；将 6 类（轻纺产品、橡胶制品、矿冶产品及其制品）、8 类（杂项制品）、9 类（未分类的其他商品）商品划分为劳动密集型产品，以考察改革开放初期以来资本技术密集型产品和劳动密集型产品在工业制成品出口中所占份额的相对变化。图 3-4 显示，1980～2017 年，我国工业制成品内部出口商品结构变动大致可分为两个阶段：第一阶段（1980～2002 年），资本技术密集型产品出口比重总体上表现出先下降后上升的变化趋势，而劳动密集型产品出口比重却呈现出先上升后下降的反向变动特征，且在该阶段劳动密集型产品出口在我国工业制成品出口中占主导地位。第二阶段（2003～2017 年），从出口产品的相对份额看，2003 年资本技术密集型产品出口比重首次超过劳动密集型产品，并在其后持续保持优势地位。另外，从出口增长速度来看，1980～

① 目前的国际贸易体系基本采用针对商品层次的协调制度（harmonized system，HS）或国际贸易标准分类标准，以便于协调国际贸易的统计口径，现有分析商品分类标准的文献大多是基于协调制度或国际贸易标准分类的简单整合，如樊纲等（2006）、傅朝阳和陈煜（2006）、姚洋和张晔（2008）。本节只是考察中国出口商品整体上的质量变动特征，而非深入探讨各行业内部出口商品的精确质量状况，因此借鉴现有大多文献做法：采用国际贸易标准分类，将其一位数分类编码为 5、7 的归入资本技术密集型产品；一位数分类编码为 6、8、9 的归为劳动密集型产品。

2017 年，劳动密集型工业制成品出口额从 70.42 亿美元增至 9220.16 亿美元，年均增长率为 14.08%；而资本技术密集型工业制成品出口额从 19.63 亿美元增至 12 236.23 亿美元，年均增长率为 19.00%。以上分析表明，资本技术密集型产品已取代劳动密集型产品成为我国近年来工业制成品出口的主体，我国工业制成品出口贸易结构和出口质量得到明显升级。

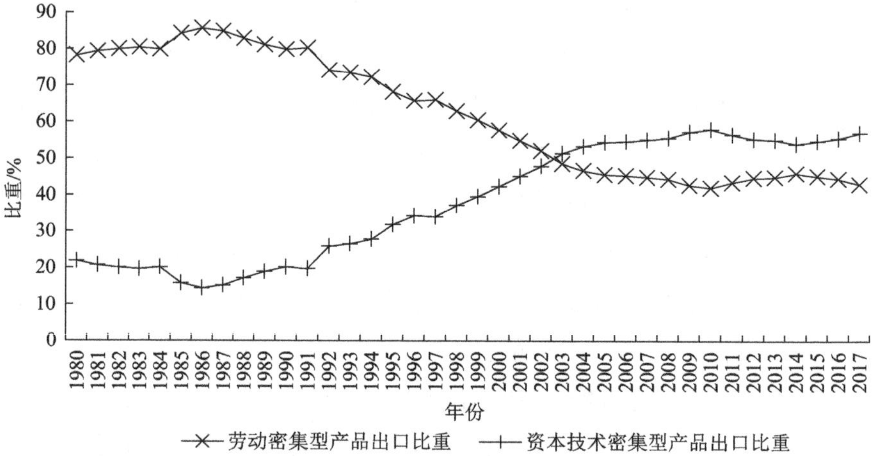

图 3-4　1980～2017 年劳动密集型产品与资本技术密集型产品出口比重的比较

资料来源：1991～2018 年的《中国统计年鉴》

高技术产品出口是另一个衡量出口产品质量的重要指标。图 3-5 给出了 1985～2017 年我国高技术产品出口比重的变动情况。我国高技术产品出口整体趋向增长，由 1985 年的 5.21 亿美元增加到 2017 年的 6078.15 亿美元，年均增长率为 24.69%，既高于同期全部商品出口额年均增长率（17.80%），也高于同期工业制成品出口额年均增长率（17.16%）、资本技术密集型工业制成品出口额年均增长率（21.96%）。在受国际金融危机影响的 2009 年，高技术产品出口额出现了下滑，但增长率降低的幅度依然低于当年的全部商品出口额、工业制成品出口额、资本技术密集型工业制成品出口额增长率的下降幅度。从相对比重变动情况来看，1985～2017 年，我国高技术产品出口比重的演变大体可以分为两个阶段：第一阶段（1985～2006 年），高技术产品出口快速发展阶段，我国全部出口商品中高技术产品出口比重呈现出持续增长的变动趋势；第二阶段（2007～2017 年），高技术产品出口比重表现出虽有小幅波动但总体较为平稳的发展态势（比重在 30%左右徘徊）。以上分析结果表明，高技术产品出口已成为拉动我国出口贸易发展、优化出口商品结构的重要力量，高技术产品出口有潜力成为未来出口贸易持续发展的突破口。

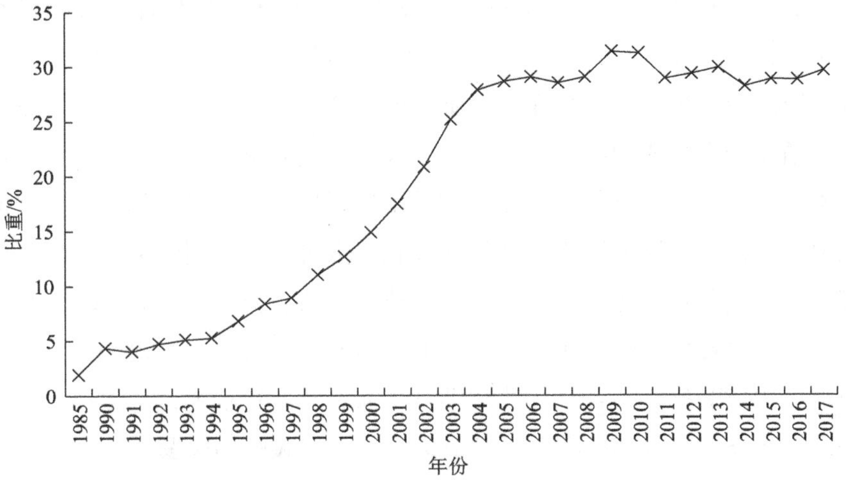

图 3-5　1985～2017 年高技术产品出口比重

资料来源：《中国统计年鉴 2018》和《中国科技统计年鉴 2018》

综上所述，经过改革开放以来的发展，我国出口贸易规模已达到较高水平（截至 2017 年，已连续九年为全球最大出口国），出口商品结构不断得以优化，出口商品质量不断得以提升。但是，如果深刻洞察垂直专业化、产业内贸易兴起等背景下当今世界的生产和贸易模式，我国出口商品结构和出口质量的优化升级可能并没有那么乐观。改革开放期间，从上述出口商品结构上体现出的由以初级产品为主向以工业制成品为主的转变，以及由以传统的劳动密集型产品为主逐渐向出口机械类、电子类，甚至高技术产品转变的结构升级，主要是通过不断占据更高技术产业的低技术、低创新、劳动密集型的低端生产制造与组装环节来实现的。在我国的出口中，特别是与外商直接投资和加工贸易密切相关的出口中，我国往往承担的是技术含量较低的劳动密集型环节的生产。由于缺乏核心技术，缺少具有自主知识产权的产品（Lall and Albaladejo，2004；关志雄，2002；卢锋，2004），即使我国的“复杂性”产品，甚至高技术产品出口在贸易分类统计中显示出占有一定比重，但大多处于设计—生产—装配—营销“微笑曲线”的生产、装配阶段，加工深度、技术含量和附加值较低，对我国技术进步、产业结构转化和经济增长的作用较小（Lall et al.，2006；杜修立和王维国，2007；姚洋和张晔，2008；Xu，2010；陈晓华等，2011）。由于难以突破全球价值链高技术高附加值核心环节的“天花板”，甚至可能被俘获并锁定在获利甚微的价值链低端环节，从而陷入依附经济和贫困化增长的境地（Humphrey and Schmitz，2000；Kaplinsky，2001；刘志彪和张杰，2009）。从这个角度来看，我国已经是一个贸易大国但还非贸易强国，出口产品质量和在国际市场的话语权与我国在全球的出口规模和地位很不相称，出口的强劲竞争力在很大程度上源于以低价取胜和以数量取胜，同时劳动密集型的加工贸易在一定程度上造成了出口大量高技术产品的统计假象（盛斌，2015）。虽然我国出口规模已经位居世界第一但出口质量有待进一步提升，随着国际国内形势的新变化，特别是在我国经济步入新常态背景下，更多依靠自主创新提升企业技术水平和产品质量已成为当前亟待破解的课题。

出口贸易数量增长显著但质量有待提升的特征事实正是我国国内生产急需提高技术水平和竞争实力，以攀升至全球分工价值链更高环节的一个写照，从而间接印证了第一节关于我国企业进入21世纪以来对外直接投资活动迅速增长的基本判断。需要补充说明的是关于对外直接投资可能导致的产业空心化问题。改革开放以来，我国在国际贸易和引进外商直接投资等领域已经取得了巨大成就，目前正积极主动向对外直接投资的国际分工高级阶段迈进。相对而言，国际贸易和利用外商直接投资是在较低层次上参与国际分工，前者的困扰是我国正面临着越来越多的贸易争端和摩擦，后者的风险是被动接受发达国家及其跨国公司的全球战略布局，不利于我国攀升至国际分工价值链有利位置，并可能被锁定在产业链低端（Humphrey and Schmitz，2000；Kaplinsky，2001；刘志彪和张杰，2009）。在世界经济正发生深刻而复杂的变化，风险和不确定因素增加，以及我国经济步入增速换挡、结构优化、动力转换的新常态背景下，对外直接投资已成为我国深度参与全球资源配置、调整国内经济动力和结构的重要方式。21世纪以来，随着“走出去”和“一带一路”等概念被中央文件反复提及，我国企业的对外直接投资也已展现出迅速增长的势头。那么，我国企业的对外直接投资是否会导致曾经困扰美国和日本等对外直接投资先行国家的国内产业空心化问题？

根据针对我国相关特征事实的考察和分析，当前阶段我国很多对外直接投资企业并非将比较优势的产业转移到国外，而是尝试直接投资到自己本身不具有比较优势的领域，以延伸自身在全球价值链分工中的地位（姚枝仲和李众敏，2011）。这种投资模式契合新常态背景下我国调整经济增长动力和经济结构调整的相关诉求，有利于提升后危机时代我国企业在国际市场的竞争力和话语权，暂时不会导致国内产业空心化问题（王碧珺，2013）。随着“刘易斯拐点”的到来，我国农村剩余劳动力逐渐减少，劳动力工资不断上升，以及国家对环保、能耗等的管理日益严格，使得企业治理污染的相关成本上升，一些企业开始有了对外转移生产能力的需求，但该需求还不是这类企业的优先和唯一选项，这类投资也不是当前我国对外直接投资的主流。原因可归为以下两点：第一，大量企业虽然受到成本上升的压力，但压力会激励企业通过价值链延伸来获得进一步发展（姚枝仲和李众敏，2011）；第二，我国内部的异质性使得不同区域参与国际分工的方式和深度呈现多样化，考虑到国内区域差异的回旋空间和国外经营的更大不确定性风险，那些成本敏感型企业并未大规模迁移到海外。因此，对外直接投资在某些国家导致的产业空心化问题在我国尚不足为惧（王碧珺，2013）。

随着外部环境和内部条件的变化，我国已经进入通过对外直接投资寻求国际竞争新优势的开放新阶段，特别是价值链拓展型的对外直接投资符合我国企业发展的内在需求，有利于我国产业升级、结构优化和经济的长期增长。我国当前面临的问题主要是对外投资不足而非对外投资过度及其可能导致的国内产业空心化等问题，结合“一带一路”倡议等在政策上因势利导地推动我国企业的对外直接投资是明智的选择。需要指出的是，在此过程中防范对外直接投资可能带来的不利冲击也应是题中之义。以是否符合价值链拓展型对外投资趋势为标准（姚枝仲和李众敏，2011），在短期，应加强对企业投资异常行为的监控，限制和打击非理性投资、虚假投资，避免短期内的资本大量外流干扰我国的汇率和资本项目开放进程[①]。在

① 余永定和肖立晟（2017）的研究指出，我国存在企业借助对外直接投资途径实施资本外逃的现象，因此加强对对外直接投资的监管是必要的。

长期，随着我国在相关制造领域从全球价值链参与者向主导者的逐渐转变，以及中西部地区生产成本的逐渐上升，价值链拓展型对外直接投资可能将逐渐让位于转移生产能力等类型的对外直接投资（姚枝仲和李众敏，2011），因此需要加强对对外直接投资趋势变化导致国内产业空心化等问题的分析和预判。

第三节　我国对外直接投资：过度抑或是不足[①]

一、问题的提出

作为吸收外商直接投资最大的发展中国家，我国在进入21世纪后却频繁以对外直接投资者的身份活跃于国际舞台，“中国收购世界”的新闻在各类报道中被广泛提及，并引起国际社会、各国政府和学术界的广泛关注。截至2017年底，我国对外直接投资累计净额为18 090亿美元，约占全球的5.87%，相当于美国的23.20%。从存量规模来看，我国尚处于“走出去”的初级阶段，在国际资本市场中的份额并不算高，引起广泛关注的主要原因在于起步较晚的我国对外直接投资展现出了强劲的增长势头。2003～2017年，全球对外直接投资流量平均增长率为7.37%，而我国为33.22%，在受全球金融危机影响的2008年，全球对外直接投资流量平均增长率为–21.22%，我国依然高达110.90%。我国对外直接投资流量从2003年的28.55亿美元迅速上升到2017年的1582.88亿美元，次于美国、日本，位居世界第三，我国甚至已成为一些发展中国家的主要投资来源之一。

面对我国对外直接投资“突然崛起”的新现象，因政策储备不足，相关国家的态度和应对思路并不清晰。一方面，中国资本在弥补传统渠道资本流入不足、促进市场竞争、经济增长和社会福利等方面的作用得到普遍认可，相关国家的政策制定者和公众均欢迎并推动中国投资的流入。但另

① 本节数据来自2003～2017年的《中国对外直接投资统计公报》、*World Investment Report*、联合国贸易和发展会议数据库。

一方面，我国的对外直接投资也引发了一些疑虑和猜忌，特别是在我国经济自身的特殊性未被正确认识，有时甚至被故意曲解的情况下，这些疑虑和猜忌很容易导致我国对外直接投资受到不公正对待。例如，针对我国在非洲国家的对外直接投资就出现了“资源掠夺论”“新殖民主义”等论调。再以澳大利亚为例，澳大利亚是我国对外直接投资最主要的目的地之一，但在2008年中国铝业股份有限公司竞购力拓集团等案件后，澳大利亚政府颁布了旨在加强投资审查的“六项原则”。尽管适用于所有外国投资，但新的原则对我国的战略性资源投资十分不利（Dorling，2011）。

与此相对应，我国政府的相关应对也显得经验不足，更谈不上娴熟。一方面，我国对外直接投资近年的迅速增长固然与政府改革对外直接投资管理体制等“走出去”战略的推动有关；但另一方面，在行政审批、外汇管理、金融支持、国际协调等领域仍然存在较为严重的缺陷，制约着我国对外直接投资的发展（何帆，2013）。在“走出去”过程中，企业常常面对诸多由宏观因素、制度条件、国际政治经济关系等引起的复杂问题，需要国家在更高层面做出前瞻的制度安排和灵活的及时协调。从这个角度来看，我国政府驾驭开放经济的能力尚需伴随中国企业“走出去”的步伐不断提高。以双边投资协定①为例，截至2011年我国共签署128个双边投资协定，但大部分签订于20世纪80～90年代，其着眼点主要是为了吸引外商直接投资流入而非支持国内资本“走出去”，已不能适应新形势下我国对外直接投资进入东道国前的公正待遇保障和进入东道国后的投资权益保障的需要（胡斌和程慧，2013）。再以国有企业为例，虽然国有企业占我国对外直接投资的比重不断下降，而且越来越多的证据表明，我国国有企业更多地遵循市场纪律而非政府意志（Barton and Huang，2007），但是却不能避免我国投资企业的国有身份成为东道国政府和公众担忧我国投资的

① 虽然联合国贸易和发展会议、经济合作与发展组织等，以及诸多利益相关国家积极促成“下一代”国际投资协定文本的形成，但总体而言，破除不同国家的“体制割据”，统一投资领域的国际准则，还是个有待破解的全球性难题。由于多边投资保护机制脆弱，目前对国际投资的保护更多地依赖国家之间的双边投资协定。需要关注的是，美国推行的包含“否定清单管理”等投资自由化条款的双边投资协定谈判文本虽未被普遍接受，但其理念已切实体现在诸多国家的双边投资协定中。

一个重要原因。

我国日渐踊跃的对外直接投资实践为相关学术研究提供了新的鲜活文本，针对中国经济的特殊性和中国对外直接投资的特征事实，不少学者尝试从影响因素和动因视角展开理论分析和实证研究(Cheng and Kwan，2000；Buckley et al.，2007；Kolstad and Wiig，2012；Ramasamy et al.，2012；董艳等，2011；陈岩等，2012；蒋冠宏和蒋殿春，2012；宗芳宇等，2012）。除了经济发展水平和规模、地理方面的双边距离、文化方面的双边距离、双边投资协定、东道国的制度环境、开放程度、是否为发达国家，以及中国巨额的外汇储备和人民币汇率等影响因素以外，我国对外直接投资是否存在市场寻求、资源寻求、技术寻求等动因也被反复检验和分析。这些研究能够较好地解释我国对外直接投资的诸多特征事实，但受限于数据、模型或方法，上面分析的事实在这些研究中未能得到充分探讨和诠释，相关实证研究也相当罕见。现阶段，众多中国企业在技术、专利、品牌等领域似乎并不具备企业特定优势（裴长洪和樊瑛，2010），与竞争对手在全球范围内整合资源的视野、经验和能力相比有所欠缺。面对上述国外和国内种种不确定性因素，企业有时难免进退失据，既可能出现不顾实力、不顾风险的盲目投资和过度投资，也可能出现畏难不进而错失发展机会的投资不足情形，从而使得我国实际对外直接投资不可避免地向上或向下偏离“最优”值。

基于上面的思路，本节尝试采用双边随机前沿模型，定量估算我国对外直接投资的前沿水平，以及实际投资相对于前沿水平的上偏、下偏程度。

二、模型与方法

研究我国对外直接投资影响因素和动因的文献大多基于通常的均值效应模型，给定中国及东道国个体特征 x，则中国对外直接投资的模型拟合值为 $F(x)=E(\theta|x)$，难以量化或不可观测的因素都会进入模型的误差项。虽然日渐流行的面板数据模型可以在一定程度上处理部分未进入模型的区域或时间特定效应，但正如对我国对外直接投资特殊性的分析，那些现有文献未能充分探讨和诠释的引起上偏或下偏的因素在不同区域、不同时间下，

随着政府、公众和企业等主体的频繁互动而不断变化，采用固定效应估计模型将引起偏误。针对这种情形，新近发展的双边随机前沿模型[①]能够进行较好地刻画：

$$\mathrm{OFDI}_{it}=F(x_{it})+\varepsilon_{it},\quad \varepsilon_{it}=w_{it}-u_{it}+v_{it} \tag{3-1}$$

式中，OFDI_{it} 表示 t 时期中国对 i 国家（地区）的实际直接投资。$F(x_{it})=x_{it}'\beta$，x_{it} 包含了模型待控制样本的一系列个体特征，β 为待估计参数向量。复合干扰项 ε_{it} 由三部分构成，其中 v_{it} 为传统意义上的随机误差项，一般假定其服从正态分布，即 $v_{it}\sim \mathrm{i.i.d.}N(0,\sigma_v^2)$。$v_{it}$ 反映不可观测随机因素的影响，与 $F(x_{it})$ 一起决定了投资的“随机前沿”。复合干扰项中的 w_{it} 和 u_{it} 分别表示实际投资相对于前沿水平向上和向下的偏离。根据上面的分析和式（3-1）的设定，w_{it} 和 u_{it} 应具备非负的单边分布（one-sided distribution）特征（$w_{it}\geqslant 0,\ u_{it}\geqslant 0$），可假定两者均服从指数分布[②]，即 $w_{it}\sim \mathrm{i.i.d.Exp}(\sigma_w,\sigma_w^2)$，$u_{it}\sim \mathrm{i.i.d.Exp}(\sigma_u,\sigma_u^2)$。

相对于非参数方法，式（3-1）的函数设定和分布假设容易受到质疑，但在转型经济国家和发展中国家更可能存在测量误差与经济环境不确定性的情形下，采用随机前沿分析常常比非参数方法更恰当。更重要的是，基于式（3-1）的双边随机前沿分析并不需要事先明确地量化界定引起上偏、下偏的相关因素，也不需要事先假定上偏、下偏项 w_{it} 和 u_{it} 的相对大小，而是根据式（3-1）的估计结果确定对外直接投资的前沿水平，并将 w_{it}、u_{it} 与随机误差项 v_{it} 进行分离，从而捕捉和测算实际对外直接投资相对于前沿水平是否存在上偏、下偏现象及其偏离程度。

令

$$\gamma=\frac{\sigma_w^2+\sigma_u^2}{\sigma_v^2+\sigma_w^2+\sigma_u^2},\quad 0\leqslant\gamma<1 \tag{3-2}$$

---

① 双边随机前沿模型较多地被运用于市场供需双方议价的分析[如 Kumbhakar 和 Parmeter（2009）]，近年来双边随机前沿模型被运用于更多领域，包括分析上市公司的投资行为（Lian and Chung，2008；张宗益和郑志丹，2012）等。相对而言，本节对于日渐活跃的中国对外直接投资行为的分析，更偏宏观。

② Kumbhakar 和 Lovell（2000）的研究表明，采用半正态、Gamma 等单边分布假设对模型估计结果并无实质性影响。

因 w_{it}、u_{it} 均服从单边指数分布，若 $\gamma=0$，则意味着 $\sigma_w=\sigma_u=0$，即 $w_{it}=u_{it}=0$，式（3-1）退化为通常的对外直接投资决定模型；若 $\gamma>0$ 且 γ 越趋向于 1，则意味着复合干扰项的波动可更多地归于 w_{it}、u_{it} 的变动，采用双边随机前沿分析更合适，此时复合干扰项 ε_{it} 的期望可能不为零。由于最小二乘法（OLS）估计通常是有偏的，一般采用最大似然法（MLE）对式（3-1）进行估计。基于最大似然法估计结果，还可根据似然比检验（likelihood ratio test）判断约束 w_{it}、u_{it} 为零与不约束 w_{it}、u_{it} 为零的模型何者更优，似然比检验的统计量为

$$\text{LR}=-2\left[L(H_0)-L(H_1)\right] \qquad (3\text{-}3)$$

式中，$L(H_0)$ 和 $L(H_1)$ 分别为原假设和备择假设下的模型对数似然函数值，LR 统计量渐进服从卡方分布，自由度为施加约束的个数。

由于已假定 $v_{it}\sim\text{i.i.d.}N(0,\sigma_v^2)$，$w_{it}\sim\text{i.i.d.Exp}(\sigma_w,\sigma_w^2)$，$u_{it}\sim\text{i.i.d.Exp}(\sigma_u,\sigma_u^2)$，进一步假定 v_{it}、w_{it}、u_{it} 相互独立且独立于样本个体特征 x_{it}，则复合干扰项 ε_{it} 的概率密度函数①可表示为

$$f(\varepsilon_{it})=\frac{\exp(a_{it})}{\sigma_w+\sigma_u}\Phi(c_{it})+\frac{\exp(b_{it})}{\sigma_w+\sigma_u}\int_{-d_{it}}^{\infty}\varphi(z)\mathrm{d}z=\frac{\exp(a_{it})}{\sigma_w+\sigma_u}\Phi(c_{it})+\frac{\exp(b_{it})}{\sigma_w+\sigma_u}\varphi(d_{it}) \qquad (3\text{-}4)$$

式中，$\Phi(\bullet)$、$\varphi(\bullet)$ 分别表示标准正态分布的累积分布函数和概率密度函数，参数 a_{it}、b_{it}、c_{it}、d_{it} 的表达式分别如下：

$$a_{it}=\frac{\sigma_v^2}{2\sigma_u^2}+\frac{\varepsilon_{it}}{\sigma_u},\ b_{it}=\frac{\sigma_v^2}{2\sigma_w^2}-\frac{\varepsilon_{it}}{\sigma_w},\ c_{it}=-\frac{\varepsilon_{it}}{\sigma_v}-\frac{\sigma_v}{\sigma_u},\ d_{it}=\frac{\varepsilon_{it}}{\sigma_v}-\frac{\sigma_v}{\sigma_w} \qquad (3\text{-}5)$$

根据式（3-4）的复合干扰项 ε_{it} 的概率密度函数可以构建样本中每一观测值所对应的最大似然估计的对数似然函数：

$$\ln L(x_{it};\theta)=-\ln(\sigma_w+\sigma_u)+\ln\left[\exp(a_{it})\Phi(c_{it})+\exp(b_{it})\varphi(d_{it})\right] \qquad (3\text{-}6)$$

式中，$\theta=[\beta,\sigma_v,\sigma_w,\sigma_u]'$，为待估参数向量。由于 σ_u 仅出现在 a_{it}、c_{it} 表达

① 详细推导可参见 Kumbhakar 和 Parmeter（2009）。

式中，σ_w 仅出现在 b_{it} 、d_{it} 表达式中，通过最大化对数似然函数即可得到所有参数的估计值。本节重点关注实际对外直接投资相对于前沿水平的偏离，因此尚需进一步推导 w_{it} 、u_{it} 的条件分布 $f(w_{it}|\varepsilon_{it})$ 和 $f(u_{it}|\ \varepsilon_{it})$：

$$f(w_{it}|\varepsilon_{it})=\frac{\lambda\exp(-\lambda w_{it})\Phi\left(\dfrac{w_{it}}{\sigma_{it}}+c_{it}\right)}{\exp(b_{it}-a_{it})[\Phi(d_{it})+\exp(a_{it}-b_{it})\Phi(c_{it})}\tag{3-7}$$

$$f(u_{it}|\ \varepsilon_{it})=\frac{\lambda\exp(-\lambda u_{it})\Phi\left(\dfrac{u_{it}}{\sigma_{it}}+d_{it}\right)}{\Phi(d_{it})+\exp(a_{it}-b_{it})\Phi(c_{it})}\tag{3-8}$$

式中，参数 $\lambda=\dfrac{1}{\sigma_w}+\dfrac{1}{\sigma_u}$。根据式（3-7）和式（3-8）推算 w_{it} 、u_{it} 条件期望的点估计值，可以获得我国在样本每一年份对每一国家（地区）的实际对外直接投资与前沿水平之间的偏离，但这些绝对偏离数据相互间并无多少可比性，因此在此根据下式测算相对偏离程度：

$$E(1-\mathrm{e}^{-w_{it}}\ |\ \varepsilon_{it})=1-\frac{\lambda}{1+\lambda}\frac{\Phi(c_{it})+\exp(b_{it}-a_{it})\exp\left(\dfrac{\sigma_v^2}{2}-\sigma_v d_{it}\right)\Phi(d_{it}-\sigma_v)}{\exp(b_{it}-a_{it})[\Phi(d_{it})+\exp(a_{it}-b_{it})\Phi(c_{it})]}\tag{3-9}$$

$$E(1-\mathrm{e}^{-u_{it}}\ |\ \varepsilon_{it})=1-\frac{\lambda}{1+\lambda}\frac{\Phi(d_{it})+\exp(a_{it}-b_{it})\exp\left(\dfrac{\sigma_v^2}{2}-\sigma_v c_{it}\right)\Phi(c_{it}-\sigma_v)}{\Phi(d_{it})+\exp(a_{it}-b_{it})\Phi(c_{it})}\tag{3-10}$$

式（3-9）和式（3-10）分别表达了我国实际对外直接投资相对于前沿水平向上或向下偏离的程度，第四小节将以百分比形式报告其测算结果。为了表述方便，定义式（3-9）测算结果为上偏效应，式（3-10）测算结果为下偏效应，则两者之差为净效应 NE：

$$\mathrm{NE}=E(1-\mathrm{e}^{-w_{it}}|\ \varepsilon_{it})-E(1-\mathrm{e}^{-u_{it}}|\varepsilon_{it})=E(\mathrm{e}^{-u_{it}}|\ \varepsilon_{it}-\mathrm{e}^{-w_{it}}|\ \varepsilon_{it})\tag{3-11}$$

根据式（3-11），当上偏效应大于下偏效应时，净效应 $\mathrm{NE}>0$，表明实际对外直接投资大于前沿水平，对外直接投资过度；当上偏效应小于下偏效应时，净效应 NE＜0，表明实际对外直接投资小于前沿水平，对外直接投资不足。

三、样本与数据

本节选择 2003～2011 年作为考察周期，能够较好地反映中国对外直接投资的最新动向和趋势。为保证样本的覆盖性和研究的客观性，在样本国家（地区）的选择方面，剔除英属维尔京群岛、开曼群岛等国际避税地，以及个别数据不全的国家（地区），但阿富汗、苏丹等制度质量得分不高的国家均包括在内，尽量避免样本的选择性偏误。样本国家（地区）共计 118 个，其中，亚洲 33 个，非洲 39 个，欧洲 27 个，拉丁美洲 10 个，北美洲 2 个，大洋洲 7 个（表 3-3）。

表 3-3　样本国家（地区）

区域	国家（地区）
亚洲	阿富汗、孟加拉国、文莱、柬埔寨、塞浦路斯、中国香港、印度、印度尼西亚、伊朗、以色列、日本、约旦、哈萨克斯坦、吉尔吉斯斯坦、韩国、老挝、中国澳门、马来西亚、蒙古、尼泊尔、阿曼、巴基斯坦、菲律宾、卡塔尔、沙特阿拉伯、新加坡、斯里兰卡、塔吉克斯坦、泰国、土耳其、阿拉伯联合酋长国、乌兹别克斯坦、越南
非洲	阿尔及利亚、安哥拉、贝宁、博茨瓦纳、喀麦隆、中非、科特迪瓦、吉布提、埃及、赤道几内亚、厄立特里亚、埃塞俄比亚、加蓬、加纳、几内亚、肯尼亚、莱索托、利比里亚、利比亚、马达加斯加、马拉维、马里、毛里塔尼亚、毛里求斯、摩洛哥、莫桑比克、纳米比亚、尼日尔、尼日利亚、卢旺达、塞内加尔、塞舌尔、塞拉利昂、苏丹、坦桑尼亚、多哥、突尼斯、乌干达、赞比亚
欧洲	奥地利、阿塞拜疆、比利时、保加利亚、白俄罗斯、克罗地亚、丹麦、芬兰、法国、格鲁吉亚、德国、希腊、匈牙利、爱尔兰、意大利、卢森堡、马耳他、荷兰、挪威、波兰、罗马尼亚、俄罗斯、西班牙、瑞典、瑞士、乌克兰、英国
拉丁美洲	安提瓜和巴布达、玻利维亚、巴西、智利、哥伦比亚、圭亚那、墨西哥、巴拿马、秘鲁、委内瑞拉
北美洲	加拿大、美国
大洋洲	澳大利亚、斐济、新西兰、巴布亚新几内亚、帕劳共和国、萨摩亚、瓦努阿图

资料来源：历年《中国对外直接投资统计公报》

下面对实证分析的变量和数据进行详细说明。

被解释变量：中国对外直接投资（$\ln \text{OFDI}_{it}$）。各国家（地区）的年度投资流量数据缺失较多，而且年度投资流量易受各种短期不确定因素和突发事件影响，波动极大，影响结论的稳健性，因此本节采用我国对外直接投资存量数据（单位：万美元）。运用各国（地区）GDP 平减指数消除价格影响，并取对数[①]。GDP 平减指数由各国（地区）GDP 名义值和实际值计算生成（2005 年=100）。

为了便于结果的比较，式（3-1）中样本个体特征 x_{it} 的设置尽量与现有我国对外直接投资影响因素和动因研究的相关文献的设置靠近。模型控制的主要解释变量如下。

1）东道国（地区）GDP（$\ln \text{GDP}_{it}$）：各国（地区）2005 年不变价格 GDP（单位：万美元），取对数。

2）双边距离（油价）（$\ln \text{dist}_{it}$）：双边经贸联系的距离成本是变化的，取决于地理距离及航运成本等因素。参照蒋冠宏和蒋殿春（2012）的做法，采用地理距离与国际油价的乘积表达双边距离。CEPII 数据库提供了 4 种不同算法测算的世界 200 多个国家（地区）相互间的距离，本节采用经人口和经济集聚因素加权的地理距离数据。国际油价数据来自国际货币基金组织提供的国际油价指数[②]（2005 年=100）。

3）双边汇率（$\ln \text{exchan}_{it}$）：采用我国及东道国（地区）的 GDP 平减指数将双边名义汇率转换成双边实际汇率，取对数。双边汇率采用间接标价法，因此变量 $\ln \text{exchan}_{it}$ 的数值增大表明人民币对 i 国（地区）的货币升值，变量 $\ln \text{exchan}_{it}$ 的数值减小则表明人民币对 i 国（地区）的货币贬值。

4）共同语言（comlang_{it}）：共同语言为虚拟变量。按照 CEPII 数据库的标准，如果东道国（地区）会说中文的人口占总人口比重超过 9%[③]，comlang_{it} 取值为 1；否则，取值为 0。

---

① 对数化处理前将个别投资存量为 0 的数值替换成 1.01。

② 该指数根据世界原油主要集散地北海布伦特、西部得克萨斯和迪拜三地油价数据测算得到。

③ 本节样本中符合此标准的国家（地区）有 4 个：中国的香港和澳门、新加坡、马来西亚。

5）是否与中国接壤（$contig_{it}$）、是否与中国签有双边投资协定（bit_{it}）、是否为发达国家（地区）（dev_{it}）：上述变量同样是虚拟变量。东道国（地区）与中国接壤，$contig_{it}$取值为1；否则，取值为0。东道国（地区）与中国签有双边投资协定，bit_{it}取值为1；否则，取值为0。按照国际货币基金组织标准确定是发达国家或新兴市场及发展中经济体，如果东道国（地区）为发达国家（地区），dev_{it}取值为1；否则，取值为0。

6）东道国（地区）政治稳定（wgi_{it}）。不少文献发现，我国对外直接投资偏好制度质量较差的国家（地区），在研究我国企业对外直接投资时，需要控制东道国（地区）的制度质量。世界银行通过大量调查和跨国评估发展出一系列指标体系，并从6个维度对全球200多个国家（地区）的治理质量进行评分（分值越高代表制度环境越好），这些指标能较好地衡量一国或地区的制度质量，本节选择世界银行全球治理指数（worldwide governance indicators，WGI）的政治稳定指标①。

7）东道国（地区）开放程度（tra_{it}），采用商品贸易占GDP比重衡量东道国（地区）的开放程度。

8）中国外汇储备（$\ln reserv_{it}$），以2005年不变价格衡量的中国外汇储备（单位：万美元），取对数。

9）东道国（地区）自然资源（$fuel\_mmtl_{it}$），采用燃料出口占商品出口比重、矿石和金属出口占商品出口比重之和衡量东道国（地区）的自然禀赋。

10）东道国（地区）技术水平（$tech_{it}$），以高科技出口占制成品出口比重衡量东道国（地区）的技术水平。

表3-4报告了相关变量的原始数据来源及其简要统计性描述。需要说明的是，为了缓解可能存在的内生性问题，实证分析时模型中的解释变量东

① 世界银行全球治理指数评价的6个维度分别如下：言论和问责（voice and accountability）、政治稳定（political stability and absence of violence）、政府效率（government effectiveness）、规制质量（regulatory quality）、法制规则（rule of law）、腐败控制（control of corruption）。6个维度的评价结果具有良好的一致性，因此相互间的相关程度很高，如果同时纳入模型，将存在严重的多重共线性。本书的稳健性检验也尝试采用其他指标衡量东道国（地区）的制度质量。

道国（地区）GDP、双边距离（油价）、双边汇率、是否与中国签有双边投资协定、东道国（地区）政治稳定、东道国（地区）开放程度、中国外汇储备、东道国（地区）自然资源、东道国（地区）技术水平均滞后一期。另外，从表3-5报告的相关系数矩阵来看，解释变量间并不存在严重的多重共线性问题。

表3-4 主要变量的统计描述

变量名称	变量符号	平均值	最小值	最大值	标准差	原始数据来源
中国对外直接投资	$\ln OFDI_{it}$	8.0171	0.0100	17.0292	2.6529	《中国对外直接投资统计公报》
东道国（地区）GDP	$\ln GDP_{it}$	15.0548	9.7410	20.9856	2.3100	世界银行世界发展指标数据库
双边距离（油价）	$\ln dist_{it}$	8.9046	6.3041	10.4457	0.6978	CEPII数据库、国际货币基金组织
双边汇率	$\ln exchan_{it}$	1.0773	−3.0694	7.9626	2.8851	国际货币基金组织
共同语言	$comlang_{it}$	0.0339	0.0000	1.0000	0.1811	CEPII数据库
是否与中国接壤	$contig_{it}$	0.1102	0.0000	1.0000	0.3132	CEPII数据库
是否与中国签有双边投资协定	bit_{it}	0.6271	0.0000	1.0000	0.4838	联合国贸易和发展会议
是否为发达国家（地区）	dev_{it}	0.2203	0.0000	1.0000	0.4147	国际货币基金组织
东道国（地区）政治稳定	wgi_{it}	−0.0956	−2.7343	1.6652	1.0045	世界银行全球治理指数
东道国（地区）开放程度	tra_{it}	0.7150	0.0000	3.6820	0.4606	世界银行世界发展指标数据库
中国外汇储备	$\ln reserv_{it}$	18.3250	17.2955	19.0271	0.5593	国际货币基金组织
东道国（地区）自然资源	$fuel\_mmtl_{it}$	0.2249	0.0000	0.9863	0.2875	世界银行世界发展指标数据库
东道国（地区）技术水平	$tech_{it}$	0.0902	0.0000	0.8364	0.1293	世界银行世界发展指标数据库

注：①面板数据模型的样本数为118×9=1062个，其中118代表横截面维度的118个国家（地区），9代表时间维度的9个年份；中国对外直接投资变量的考察周期为2003～2011年，相关解释变量滞后了一阶。②前缀ln的变量均经过价格调整并取自然对数

表 3-5　主要解释变量的相关系数矩阵

项目	东道国（地区）GDP	双边距离（油价）	双边汇率	共同语言	是否与中国接壤	是否与中国签有双边投资协定	东道国（地区）政治稳定	东道国（地区）开放程度	是否为发达国家（地区）	中国外汇储备	东道国（地区）自然资源	东道国（地区）技术水平
东道国（地区）GDP	1.00											
双边距离（油价）	-0.06	1.00										
双边汇率	-0.31	-0.07	1.00									
共同语言	0.07	-0.28	-0.10	1.00								
是否与中国接壤	-0.05	-0.43	0.15	0.23	1.00							
是否与中国签有双边投资协定	0.27	-0.01	-0.04	-0.05	-0.09	1.00						
东道国（地区）政治稳定	0.14	-0.02	-0.35	0.17	-0.18	0.06	1.00					
东道国（地区）开放程度	-0.04	-0.17	-0.12	0.59	0.10	0.01	0.30	1.00				
是否为发达国家（地区）	0.60	-0.08	-0.42	0.13	-0.12	0.10	0.46	0.13	1.00			
中国外汇储备	0.05	0.58	0.01	0.00	0.00	0.17	0.00	0.04	0.00	1.00		
东道国（地区）自然资源	0.10	0.14	0.07	-0.08	-0.03	0.20	-0.12	-0.10	-0.18	0.03	1.00	
东道国（地区）技术水平	0.38	-0.20	-0.20	0.30	-0.11	0.10	0.20	0.26	0.40	-0.06	-0.09	1.00

四、实证结果与分析

本小节将对式（3-1）进行估计，并根据式（3-1）估计结果和式（3-9）～式（3-11），测算我国对外直接投资相对于最优前沿水平的上偏程度、下偏程度、净效应（投资过度抑或是不足）。

1. 基准模型估计：对外直接投资影响因素及动因

将基于式（3-1）的模型估计结果（1）～（5）列于表 3-6，模型（1）～模型（5）均控制了区域和时间虚拟变量[①]。表 3-6 最后几行显示了 MLE 估计的对数似然函数值、似然比检验结果，以及根据式（3-2）计算的 γ 值。

表 3-6　模型估计结果

解释变量	被解释变量：中国对外直接投资				
	模型（1）-OLS	模型（2）-MLE	模型（3）-MLE	模型（4）-MLE	模型（5）-MLE
东道国（地区）GDP	0.639*** （20.786）	0.628*** （22.308）	0.595*** （22.795）	0.603*** （19.687）	0.588*** （18.790）
双边距离（油价）	−0.917*** （−4.544）	−0.839*** （−4.728）	−0.856*** （−5.050）	−0.816*** （−5.009）	−0.969*** （−5.935）
双边汇率	0.129*** （5.852）	0.123*** （6.150）	0.118*** （6.350）	0.125*** （7.094）	0.123*** （6.991）
共同语言	3.250*** （10.098）	3.086*** （10.794）	3.138*** （11.212）	1.829*** （6.143）	1.914*** （6.857）
是否与中国接壤	1.893*** （8.970）	2.027*** （10.897）	1.944*** （11.099）	2.067*** （12.048）	1.816*** （10.311）
是否与中国签有双边投资协定	0.481*** （3.940）	0.446*** （4.109）	0.429*** （4.363）	0.439*** （4.595）	0.371*** （3.887）

① 表 3-6 列示的模型（1）～模型（5）均控制了东道国（地区）所在洲（亚洲、非洲、欧洲、拉丁美洲、北美洲、大洋洲）的区域虚拟变量和和时间虚拟变量。模型采用 Stata 12.0 估计，软件自动删除多余的虚拟变量，各模型并未出现奇异矩阵和严重多重共线性问题。考虑结果报告的简洁，表 3-6 没有列示区域虚拟变量和时间虚拟变量的估计结果。

续表

解释变量	被解释变量：中国对外直接投资				
	模型（1）-OLS	模型（2）-MLE	模型（3）-MLE	模型（4）-MLE	模型（5）-MLE
东道国（地区）政治稳定				−0.187*** （−3.754）	−0.188*** （−3.848）
东道国（地区）开放程度				0.804*** （6.981）	0.833*** （7.284）
是否为发达国家（地区）				0.336* （1.846）	0.481*** （2.664）
中国外汇储备					2.098*** （13.782）
东道国（地区）自然资源					0.375** （2.502）
东道国（地区）技术水平					−1.383*** （−3.890）
区域虚拟变量	控制	控制	控制	控制	控制
时间虚拟变量	控制	控制	控制	控制	控制
常数项	8.215*** （4.167）	8.315*** （4.843）	9.282*** （5.180）	8.107*** （4.705）	−29.683*** （−14.026）
σ_w			0.5351	0.5642	0.5016
σ_u			1.4687	1.4864	1.5080
σ_v			0.6999	0.5795	0.5867
γ			0.8330	0.8827	0.8801
Adj-R^2	0.5916				
Log likelihood		−2023.1678	−1983.4787	−1955.9849	−1946.3006
LR（chi2）			79.3781	54.9876	19.3687
P-value			0.0000	0.0000	0.0001

注：面板数据模型的样本数为 118×9=1062 个；括号内为 t 值，***、**、*分别表示在 1%、5%、10% 水平下显著

模型（1）～模型（3）关于 $F(x_{it})$ 中 x_{it} 变量的设置完全相同，模型（1）采用 OLS 估计，模型（2）和模型（3）均采用双边随机前沿分析设定下的 MLE 估计，但模型（2）附加了 $\sigma_w = \sigma_u = 0$ 的约束条件。比较模型（1）和

模型（2），解释变量的估计参数和显著性基本一致，说明与采用OLS方法估计我国对外直接投资影响因素的诸多文献相比，本小节采用MLE方法不会导致相关解释变量的参数出现大的偏倚。进一步比较模型（2）和模型（3），在放松$\sigma_w=\sigma_u=0$的约束条件后，模型（3）的对数似然值有显著提升，似然比检验高度拒绝模型（2）和模型（3）无差异的零假设（显著性水平：0.0000）。根据模型（3）的估计结果计算的γ值为 0.8330，也表明复合干扰项ε_{it}的波动很大部分来自w_{it}和u_{it}，采用不附加$\sigma_w=\sigma_u=0$约束条件的双边随机前沿效应模型应该更恰当。

作为一种参数估计方法，双边随机前沿分析中$F(x_{it})$的设置[①]比较重要。在此，以模型（3）为基础，参照现有文献和我国对外直接投资的特征事实，在模型（4）和模型（5）中逐步增加$F(x_{it})$中的控制变量，通过似然比检验确定模型的最终形式。在模型（4）中增加东道国（地区）政治稳定性、东道国（地区）开放程度、是否为发达国家（地区）3 个环境变量，在模型（5）中进一步增加中国外汇储备、东道国（地区）自然资源、东道国（地区）技术水平 3 个变量以检验中国对外直接投资动机的相关假说。从表 3-4 列出的对数似然函数值和似然比检验结果来看，模型（3）～模型（5）的拟合效果在不断提升。模型（5）中核心解释变量间不存在严重的多重共线性（表 3-5），各解释变量均在较高水平下显著，本小节余下部分的分析基于模型（5）展开。

模型（5）的估计结果显示，东道国（地区）GDP、东道国（地区）自然资源变量显著为正，表明我国对外直接投资存在市场寻求动机和资源寻求动机。东道国（地区）开放程度越高、为发达国家（地区）[②]、拥有共同语言、与中国接壤、与中国签有双边投资协定，以及人民币汇率升值、中国外汇储备增加等因素正向促进我国对外直接投资，而双边距离因素的效应为负，这些结果均和现有文献的研究基本一致。另两个估计参数为负的

① Eicher 等（2012）曾在控制样本选择性偏误下运用贝叶斯模型平均法（Bayesian model averaging）筛选相关影响因素，董艳等（2011）研究中国对非洲投资决定因素时则运用极限边界分析（extreme bound analysis）法来确定有效解释变量。

② 我国最初的对外直接投资大部分流向发展中国家，但格局正在发生变化，开始尝试向发达国家投资。

变量是东道国（地区）政治稳定和东道国（地区）技术水平，这意味着在控制其他因素后，我国对外直接投资更偏好制度质量差、技术水平低的国家（地区），这在一定程度上与我国对外直接投资起步晚且正处于“走出去”的初级阶段有关。由于传统对外直接投资强国已优先抢占全球最佳区位，作为后来者，我国不得不更多进入制度质量不佳，甚至政治稳定程度较差的国家（地区）开拓对外直接投资空间（蒋冠宏和蒋殿春，2012）[①]。而我国对外直接投资的技术寻求动机受到两方面因素的制约：一是我国对外直接投资尚处于初级阶段，企业自身能力和技术水平尚存在欠缺；二是我国寻求发达国家（地区）真正核心技术的投资常常因东道国（地区）审查和相关阻力而难以成功实施。另外，我国对外直接投资存在资源寻求动机，而大多数资源丰富国家（地区）的制度质量得分和技术水平不高也是不争的事实。

2. 效应测算：上偏、下偏和净效应

表 3-6 列出了双边随机前沿模型 σ_w、σ_u、σ_v 的估计值。根据表 3-6 模型（5）的结果，γ=0.8801，上偏、下偏项 $(\sigma_w^2+\sigma_u^2)$ 贡献了 $\ln \text{OFDI}_{it}$ 无法解释部分总方差 $(\sigma_v^2+\sigma_w^2+\sigma_u^2)$ 的 88.01%。在上偏、下偏项对 $\ln \text{OFDI}_{it}$ 的总影响中，上偏项的影响 $\sigma_w^2/(\sigma_w^2+\sigma_u^2)$ 约占 9.96%，而下偏项的影响 $\sigma_u^2/(\sigma_w^2+\sigma_u^2)$ 则达到 90.04%，居于主导地位。根据式（3-9）和式（3-10）测算的我国实际对外直接投资相对于前沿水平上偏、下偏程度分别为 33.36%、59.95%（表 3-7），由于下偏效应居于主导地位，总的净效应为 −26.59%。测算结果表明，我国实际对外直接投资不足而非过度，相对于前沿水平平均不足程度达 26.59%。我国对外直接投资在进入 21 世纪后以“突然崛起”的形象令世人印象深刻，但作为这一领域起步较晚且正处于“走出去”初级阶段的“后来者”，对外直接投资不足而非过度的结论虽有些出乎意料，但冷静审视隐藏于现象后的客观事实和实证结果，这一结论并

① 刘青等（2017）基于全球并购案例微观数据的研究表明，我国企业对外直接投资时对东道国（地区）政治、经济等风险欠缺考虑，甚至在投资规模上表现出一定的风险追逐特征。

不难理解[①]。

表 3-7 上偏、下偏和净效应 （单位：%）

变量	净效应均值	标准差
上偏：$E(1-e^{-w_{it}}\mid\varepsilon_{jt})$	33.36	9.97
下偏：$E(1-e^{-u_{it}}\mid\varepsilon_{jt})$	59.95	23.18
净效应：$E(e^{-u_{it}}-e^{-w_{it}}\mid\varepsilon_{jt})$	−26.59	30.88

表 3-8 列出了上偏、下偏和净效应的空间与时间分布特征。从空间特征来看（表 3-8 最后一列），中国对欧洲直接投资不足程度最大（−29.51%），对北美洲不足程度最小（−19.65%），中间依次是拉丁美洲（−28.41%）、亚洲（−26.15%）、大洋洲（−26.09%）、非洲（−24.92%）。不同区域具有较强的异质性，对欧洲直接投资不足程度比北美洲高出近 10 个百分点。从时间特征来看（表 3-8 最后一行），2003～2011 年，中国对外直接投资不足整体上呈现不断缓解的趋势（2008 年略有波动），2011 年对外直接投资不足程度（−24.36%）比 2003 年对外直接投资不足程度（−30.14%）下降了约 6 个百分点。

表 3-8 上偏、下偏和净效应的空间与时间分布特征（单位：%）

区域	2003 年	2004 年	2005 年	2006 年	2007 年	2008 年	2009 年	2010 年	2011 年	区域均值
亚洲	−30.99	−29.39	−25.19	−26.94	−26.58	−24.77	−24.70	−24.31	−22.47	−26.15
非洲	−26.97	−25.34	−22.66	−20.08	−24.03	−25.62	−23.34	−27.36	−28.88	−24.92
欧洲	−35.75	−35.47	−36.16	−29.65	−25.33	−28.00	−28.26	−25.23	−21.71	−29.51
拉丁美洲	−24.64	−28.61	−28.44	−27.10	−26.92	−29.98	−30.32	−28.55	−31.09	−28.41
北美洲	−24.21	−28.25	−34.27	−34.48	−10.07	−13.89	−10.97	−12.21	−8.48	−19.65
大洋洲	−31.59	−38.19	−31.37	−29.20	−32.82	−23.76	−21.71	−13.06	−13.13	−26.09
年度均值	−30.14	−29.88	−27.66	−25.57	−25.57	−25.99	−25.13	−25.01	−24.36	−26.59

① 需要特别指出的是，本节以我国对外直接投资的特征事实和解读这些特征事实的相关文献为基础，采用双边随机前沿模型定量估算我国对外直接投资的前沿水平，并根据式（3-9）～式（3-11）测算我国实际对外直接投资相对于前沿水平的上偏程度、下偏程度、净效应，尝试为我国对外直接投资的相关学术研究和政策探讨提供一个新思路。如果从我国的发展阶段和实际利益出发，探讨我国对外直接投资的最优水平和合理规模，可能尚需要做更多的后续研究工作。

表 3-9 显示了样本中 2011 年我国对外直接投资存量前 30 国家（地区）的净效应。这些国家（地区）是我国对外直接投资的主要目的地，其中对 8 个国家的投资净效应为正，对 22 个国家（地区）的投资净效应为负，净效应均值为–9.34%，依然表现为投资不足，只是相对于全部样本国家（地区）投资不足程度（–26.59%）下降了 17.25 个百分点。另外，卢森堡、沙特阿拉伯、苏丹、瑞典、韩国等的净效应波动很大，这符合我国对外直接投资快速发展的特征。以卢森堡为例，2003 年中国对其对外直接投资存量为 0，2011 年迅速上升到 70.82 亿美元（是样本中 2011 年我国对外直接投资存量排名第 5 的国家），这和表 3-8 列出的净效应的时间分布特征是一致的。

表 3-9　2011 年我国对外直接投资存量前 30 国家（地区）的净效应（单位：%）

国家（地区）	净效应	标准差	国家（地区）	净效应	标准差
柬埔寨	28.46	11.80	瑞典	–12.83	29.58
赞比亚	27.90	14.50	美国	–13.11	5.22
英国	23.10	13.20	法国	–13.61	23.06
德国	17.62	5.41	尼日利亚	–17.56	6.94
澳大利亚	15.96	10.00	哈萨克斯坦	–18.64	17.63
阿拉伯联合酋长国	15.86	7.68	韩国	–21.65	26.94
苏丹	11.53	34.29	老挝	–22.35	17.72
泰国	5.48	18.46	巴基斯坦	–24.28	18.27
巴西	–3.86	12.11	伊朗	–25.83	11.16
卢森堡	–4.85	67.26	加拿大	–26.19	21.47
蒙古	–4.86	13.82	俄罗斯	–27.87	7.68
沙特阿拉伯	–5.53	36.66	阿尔及利亚	–28.38	16.19
中国香港	–6.70	13.12	新加坡	–30.52	15.63
印度尼西亚	–7.50	5.28	日本	–46.14	4.51
中国澳门	–7.59	13.74	越南	–56.42	6.83
			均值	–9.34	28.56

表 3-9 的结果难以清晰地揭示我国对外直接投资的整体特征，考虑进一步将全部样本国家（地区）分别按照不同特征分成两个对照组，结果报告在表 3-10[①]。表 3-10 的结果显示，我国对外直接投资整体呈现投资不足状态，而对发达国家（地区）和政治稳定程度高、技术水平高的国家（地区）组的投资不足程度更严重，分别比其对照组高出 2.98 个、3.01 个、5.64 个百分点，这与起步较晚的我国对外直接投资在初始阶段优先选择新兴市场和发展中国家、制度质量和技术水平较差国家的事实相吻合。与此同时，资源寻求动机的存在，使得我国对自然资源丰富国家（地区）的对外直接投资比其对照组的投资不足程度低 1.24 个百分点。与东道国（地区）签有双边投资协定可以减缓我国对外直接投资不足的问题，但两组的差异并不大，仅相差 0.7 个百分点，在“新一代”投资协定文本的制定、对外直接投资新秩序的构建等领域中国可能还需要做得更多。

表 3-10　不同分组国家（地区）的净效应　（单位：%）

分组		净效应	标准差
按东道国（地区）技术水平高低分组（相差 5.64 个百分点）	低	−23.77	29.54
	高	−29.41	31.93
按东道国（地区）政治稳定程度分组（相差 3.01 个百分点）	低	−25.08	29.47
	高	−28.09	32.17
按东道国（地区）是否为发达国家（地区）分组（相差 2.98 个百分点）	非	−25.93	29.55
	是	−28.91	35.12
按东道国（地区）自然资源丰富程度分组（相差 1.24 个百分点）	低	−27.21	31.02
	高	−25.97	30.75
按是否签有双边投资协定分组（相差 0.7 个百分点）	无	−27.03	30.90
	有	−26.33	30.88

① 按东道国（地区）开放程度分组，中国对开放程度低的国家（地区）组投资不足程度为−29.27%，对开放程度高的国家（地区）组投资不足程度为−23.91%，两者相差 5.36 个百分点。

五、实证总结

“中国收购世界”的新闻吸引眼球，也是当前国际经济学研究的热点之一。本节运用双边随机前沿模型实证分析了 2003～2011 年我国对全球 118 个国家（地区）的对外直接投资，结果发现：

第一，东道国（地区）开放程度越高、为发达国家（地区）、拥有共同语言、与中国接壤、与中国签有双边投资协定，以及人民币汇率升值、中国外汇储备增加等因素正向促进我国对外直接投资，但双边距离因素的效应为负。我国对外直接投资存在市场寻求动机和资源寻求动机，由于起步较晚并处于初级阶段，我国对外直接投资相对优先进入制度质量较差、技术水平较低的国家（地区）。

第二，国内外政府、公众、企业的不确定性表现，使得我国实际对外直接投资向上或向下偏离前沿水平，下偏效应居于主导地位，净效应为 −26.59%。近年来蓬勃发展的中国对外直接投资整体呈现投资不足而非投资过度状态，投资不足程度平均为 26.59%。

第三，2003～2011 年我国对欧洲投资不足程度最严重，然后是拉丁美洲、亚洲、大洋洲、非洲，最后是北美洲，对欧洲投资不足程度比北美洲高出近 10 个百分点。但随着时间的推移，中国对外直接投资不足的现象趋向缓解，2011 年比 2003 年不足程度下降了约 6 个百分点。

第四，受限于发展阶段，我国对发达国家（地区）以及制度质量和技术水平较高的国家（地区）的投资不足，比新兴市场和发展中国家、制度质量和技术水平较低的国家（地区）的投资不足更严重。我国对资源丰富国家（地区）的投资不足程度比资源匮乏国家（地区）的不足程度低，而双边投资协定在一定程度上可以减缓我国对外直接投资不足的问题。

本节的实证结果可能只反映了我国对外直接投资特定发展阶段的情况，只是基于宏观模型展开实证分析而未能提供企业层面的微观证据，只是测算了偏离效应而未能对引起我国对外直接投资偏离最优值的因素做更深入的定量分析，这些问题尚有待进一步的更深入研究。但是，本节对于正确认识中国对外直接投资的发展阶段和趋势具有重要的启示意义，相关分析和结论具有丰富而清晰的政策含义。

第四节 本 章 小 结

我国对外直接投资存量处于世界较低水平，但流量增长很快，21 世纪以来，尤其是2003 年以来展现出了迅猛增长的势头，从发展趋势来看，我国对外直接投资已进入关键成长期，在可预计的未来还将以较快的速度增长。投资主体、投资目的地、投资行业等角度的投资格局显示，我国民营企业的对外直接投资行为越来越活跃，国有企业的相对重要性不断下降；最初的大部分投资流向发展中国家，但越来越多的企业开始向发达国家（地区）投资；采矿业和制造业是我国对外直接投资的主要行业。当前阶段，我国企业对外直接投资的重要目的是加强国内生产，提高企业的技术水平和竞争实力，进而拓展国际发展空间。从出口角度来看，我国货物贸易出口的主体是工业制成品，其出口占我国工业制成品增加值的比重很高，出口贸易数量增长显著，但质量有待提升的特征事实，间接印证了我国企业对外直接投资日益活跃具有明显的价值链拓展诉求的基本判断。

在世界经济正发生深刻而复杂的变化，风险和不确定因素增加，以及我国经济步入增速换挡、结构优化、动力转换的新常态背景下，对外直接投资已成为我国深度参与全球资源配置、调整国内经济动力和结构的重要方式，特别是价值链拓展型对外直接投资符合我国企业发展的内在需求，有利于我国产业升级、结构优化和经济的长期增长。我国当前面临的主要问题是对外投资不足而非对外投资过度及其可能导致的国内产业空心化等，因此结合“一带一路”倡议等在政策上因势利导地推动我国企业的对外直接投资是明智的选择。

第四章 我国对外直接投资的贸易效应：出口数量视角

在我国出口外部环境日趋复杂和对外直接投资迅猛增长的背景下，本章通过整合“中国工业企业数据库”和“境外投资企业（机构）名录”数据，运用倾向得分匹配和倍差法考察我国制造业企业对外直接投资的出口贸易数量效应，尝试为统筹对外直接投资和贸易，推动我国企业更好地“走出去”等宏观决策提供微观层面的经验证据。

第一节 问题的提出

中国制造的出口产品在全球范围内展现出的强劲竞争力令人印象深刻，进入21世纪以来，随着企业“走出去”的步伐不断加快，对外直接投资的“中国故事”已引起各国政府、学术界和社会公众的广泛关注，因此基于我国企业参与国际生产分工和贸易网络的特征事实探讨与剖析无疑具有重要的学术价值和丰富的政策内涵。

现有文献中，替代论和互补论针对性地诠释了对外直接投资影响企业出口的不同逻辑和机制。对外直接投资和出口是企业进入国际市场的可选项，因此两者间呈现替代关系（Mundell，1957），企业的自选择行为可能导致行业内生产率较低的企业关注国内市场，生产率较高的企业更多地出口，生产率最高的企业寻求对外直接投资（Melitz，2003；Helpman et al.，

2004）。但是，那些非贸易障碍因素诱致的，或者顺贸易型的对外直接投资则会促进国际分工的深化和贸易规模的扩大，从而产生互补效应（Purvis，1972；Kojima，1978；Helpman and Krugman，1985），在我国外向型经济发展中不容忽视的众多加工贸易企业也可能存在不同于一般贸易企业的互补效应。更多后续研究及大量实证文献进一步发现，对外直接投资的贸易替代效应抑或是贸易互补效应并不确定，而是取决于对外直接投资的阶段和规模（Bergsten，1974）、动机和类型（Schmitz and Helmberger，1970；Gray and Dawn，1998）等诸多因素。

不少文献尝试针对我国外向型经济发展的特征事实展开替代效应或互补效应的实证检验。例如，陈立敏等（2010）采用2004～2008年我国对26个国家的投资与贸易数据，在对外直接投资和出口的两变量系统下运用广义最小二乘法进行估计，结果表明对外直接投资有利于出口贸易的发展。张纪凤和黄萍（2013）基于2004～2010年35个国家的面板数据，运用混合回归模型展开实证分析，结果发现对外直接投资对出口贸易存在明显的促进作用。胡兵和乔晶（2013）基于2003～2010年我国与62个国家（地区）的双边数据，采用动态面板模型系统广义矩估计，研究发现我国对发展中国家的对外直接投资显著提升出口，对发达国家的对外直接投资负向影响出口，总体上呈现出微弱的贸易替代效应。这些研究所选取的变量、样本期间，以及模型与方法不同，结论不尽一致；而且，这些基于宏观加总数据的经验分析忽略了企业间的异质性，可能会导致微观个体行为的估计偏差，如对外直接投资和出口间的联立性内生等问题未得到有效控制。近年，蒋冠宏和蒋殿春（2014）、毛其淋和许家云（2014a）基于“中国工业企业数据库”等微观数据并运用样本匹配、双重差分等方法，拓展了这一主题的研究。例如，蒋冠宏和蒋殿春（2014）发现我国企业对外直接投资总体上促进了企业出口，但商贸服务、当地生产销售、技术研发、资源寻求等不同类型的出口效应并不相同。

在上述相关文献的基础上，本章实证考察我国企业对外直接投资如何影响出口，使用“中国工业企业数据库”和“境外投资企业（机构）名录”整合后的企业级微观数据，着重检验和分析我国对外直接投资总体，以及商贸服务型对外直接投资和当地生产销售型对外直接投资的出口效应，并采用倾向得分匹配和倍差法以克服可能存在的样本选择性偏差和异质性偏差等问题。

第二节　研 究 设 计

一、模型构建

本节基于匹配倍差思路构建实证分析模型。为了表述方便，定义两个二元虚拟变量：一是 treat_i，对于对外直接投资企业（处理组，OFDI_i=1）和非对外直接投资企业（对照组，OFDI_i=0），treat_i 分别记为 1 和 0；二是 period_t，对于对外直接投资前（事件前）和对外直接投资后（事件后），period_t 分别记为 0 和 1。其中，下标 i、t 分别标记企业和时间。

令 ΔEX_{it}^1 表示处理组企业 i 在对外直接投资事件发生后（period_t=1）相比对外直接投资事件发生前（period_t=0）的出口差异，同时假设处理组企业 i 如果不对外直接投资（反事实分析），在 period_t=1 和 period_t=0 时期的出口差异为 ΔEX_{it}^0，则对外直接投资事件对企业出口的影响 ξ 可用下式的"差异之差异"（difference-in-difference，倍差）加以刻画：

$$\xi = E(\xi_i|\text{OFDI}_i=1) = E\left(\Delta\text{EX}_{it}^1|\text{OFDI}_i=1\right) - E\left(\Delta\text{EX}_{it}^0|\text{OFDI}_i=1\right) \quad (4\text{-}1)$$

式（4-1）右端第一项可观测，而右端第二项的反事实情形 $E\left(\Delta\text{EX}_{it}^0|\text{OFDI}_i=1\right)$ 并不可观测，这在估算参数 ξ 时需要克服。显而易见的思路是以对照组中非对外直接投资企业（OFDI_i=0）的出口变化作为处理组中对外直接投资企业反事实情形的替代，即令 $E\left(\Delta\text{EX}_{it}^0|\text{OFDI}_i=1\right) = E\left(\Delta\text{EX}_{it}^0|\text{OFDI}_i=0\right)$，但二者未必相等。例如，如果处理组企业开展对外直接投资活动是因为其出口竞争力强劲，则其在不对外直接投资的情形下也可能比对照组企业有更好的出口表现，即 $E\left(\Delta\text{EX}_{it}^0|\text{OFDI}_i=1\right) > E\left(\Delta\text{EX}_{it}^0|\text{OFDI}_i=0\right)$，此时令二者相等进而估计式（4-1），将会高估企业对外直接投资的出口效应 ξ。

上述问题是在研究类似处理效应时无法回避的内生性问题，一个可行的解决方案是根据事件发生前（$\text{period}_t=0$）的状态，通过倾向得分匹配方法从对照组中选择与处理组“近似”的企业，然后用对照组中的“近似”企业在 $\text{period}_t=1$ 时期的状态来模拟处理组企业不对外直接投资情形下的“拟自然实验”状态。令匹配后符合条件的对照组企业在 $\text{period}_t=1$ 和 $\text{period}_t=0$ 时期的出口差异为 $\tilde{E}\left(\Delta\text{EX}_{it}^{0}|\text{OFDI}_i=0\right)$[①]，用 $\tilde{E}\left(\Delta\text{EX}_{it}^{0}|\text{OFDI}_i=0\right)$ 替换式（4-1）中的 $E\left(\Delta\text{EX}_{it}^{0}|\text{OFDI}_i=1\right)$，则式（4-1）可转化为

$$\xi=E\left(\xi_i|\text{OFDI}_i=1\right)=E\left(\Delta\text{EX}_{it}^{1}|\text{OFDI}_i=1\right)-\tilde{E}\left(\Delta\text{EX}_{it}^{0}|\text{OFDI}_i=0\right) \quad (4\text{-}2)$$

基于处理组企业样本和匹配后符合条件的对照组企业样本，可以估计式（4-2）的倍差结果。考虑到企业异质性，为了更方便地在倍差分析中控制各类可观测和不可观测的企业属性，构建式（4-3）的实证检验模型：

$$\text{ex}_{it}=\alpha+\beta_1\cdot\text{treat}_i+\beta_2\cdot\text{period}_t+\xi\cdot\text{treat}_i\cdot\text{period}_t+X_{it}\cdot\gamma+\varepsilon_{it} \quad (4\text{-}3)$$

式中，ex_{it} 为衡量出口大小的被解释变量；ε_{it} 为随机干扰项；X_{it} 为企业规模、金融约束、企业年龄及其二次项、全要素生产率、资本劳动比、新产品销售比重等一系列可观测因素的变量，X_{it} 还包括时间、区域、行业等虚拟变量以控制各类不可观测因素；γ 为 X_{it} 的系数向量；α、β_1、β_2 为待估参数。式（4-3）中的各参数基于合并的处理组企业样本和匹配后符合条件的对照组企业样本进行估计。

结合二元虚拟变量 treat_i 和 period_t 的定义，由式（4-3）可知，处理组企业在对外直接投资前后的出口分别为 $\alpha+\beta_1+X_{it}\cdot\gamma$ 和 $\alpha+\beta_1+\beta_2+\xi+X_{it}\cdot\gamma$，两者之差即出口变化为 $E\left(\Delta\text{EX}_{it}^{1}|\text{OFDI}_i=1\right)=\beta_2+\xi$；对照组企业在 $\text{period}_t=0$ 和 $\text{period}_t=1$ 时期的出口分别为 $\alpha+X_{it}\cdot\gamma$ 和 $\alpha+\beta_2+X_{it}\cdot\gamma$，两者之差即出口变化为 $\tilde{E}\left(\Delta\text{EX}_{it}^{0}|\text{OFDI}_i=0\right)=\beta_2$；处理组和对照组出口变化的差异，即“差异之

---

①～表示 $\tilde{E}\left(\Delta\text{EX}_{it}^{0}|\text{OFDI}_i=0\right)$ 为加权平均而非简单平均，这涉及匹配时的样本权重问题。例如，可为某一处理组企业匹配多个对照组企业，而某一对照组企业亦可被匹配给多个不同的处理组企业。因此，基于处理组企业样本和匹配后符合条件的对照组企业样本估计本章实证分析的模型时，必须小心谨慎地整理数据和样本。

差异”为 $\beta_2+\xi-\beta_2=\xi$。因此，式（4-3）中交互项 $\text{treat}_i\cdot\text{period}_t$ 的系数 ξ 即为企业对外直接投资出口效应的匹配倍差估计结果。

二、样本和数据

本章的研究需要整合国家统计局的“中国工业企业数据库”和商务部的“境外投资企业（机构）名录”数据库。“中国工业企业数据库”是针对我国企业的最大的企业级微观数据库，可提供1998～2009年全部国有及规模以上非国有工业企业①的工业总产值、增加值、销售产值、出口交货值等诸多指标的数据，1998年包含样本企业16万多家，2004年增加到27万多家，其后逐渐增加到2009年的43万多家。“境外投资企业（机构）名录”数据库包含企业名称、境外投资目的地、经营范围、核准日期等信息。根据该数据库，2004年及之前的年份，每年核准的对外直接投资案例相对较少，而在2005年迅速增加到978例，其后逐年上升（表4-1）。表4-1所反映的我国企业对外直接投资趋势可在《中国对外直接投资统计公报》②中得到印证。另外，目前尚不能获得2009年之后的企业级微观数据，因此本章研究在整合“中国工业企业数据库”和“境外投资企业（机构）名录”数据库形成新的数据集时，选定的样本期间为2005～2009年。

表4-1　我国企业境外投资记录　　（单位：笔）

项目	2000年	2001年	2002年	2003年	2004年	2005年	2006年	2007年	2008年	2009年	2010～2013年
记录	17	20	63	70	134	978	1 191	1 321	1 652	2 200	17 310

资料来源：“境外投资企业（机构）名录”

① 规模以上是指企业的主营业务收入（销售额）在500万元及以上，该口径在2011年被修正为2000万元及以上。

② 商务部、国家统计局、国家外汇管理局从2003年开始联合发布《中国对外直接投资统计公报》。《中国对外直接投资统计公报》是关于我国对外直接投资的最权威数据来源之一，但该公报着重全面及时地记录和反映我国企业对外直接投资的全貌和趋势，并无详细企业级数据。

按照匹配倍差估计的思路，本章以2005～2009年“中国工业企业数据库”的企业样本作基准，然后比对“境外投资企业（机构）名录”数据库，将2005年及之前年份存在对外直接投资行为的企业从基准库中剔除，再将2006～2009年存在对外直接投资行为的企业信息整合入基准库，进而根据企业对外直接投资事件发生前一年的“状态”分年匹配样本并执行相应倍差估计。如此整合两个数据库是为了获得比较“干净”的处理组和对照组企业样本，以及清晰界定事件前和事件后的时间窗口。下面详细介绍“中国工业企业数据库”和“境外投资企业（机构）名录”数据库的整合步骤，以及相关变量和数据的处理。

第一步，合并“中国工业企业数据库”的分年数据，保留历年连续经营（有资料）的企业样本，形成2005～2009年的企业平衡面板数据集。数据集中仅包括二分位行业分类在13～43（不含38）的制造业企业，不包括煤炭开采和洗选业、石油和天然气开采业，以及电力、热力、燃气、水的生产和供应业等行业样本。因数据不全，西藏的企业样本也予以删除。参照现有文献关于“中国工业企业数据库”数据的通常处理办法，剔除相关指标缺失、不满足“规模以上”标准、不符合会计原则的观测值，并对关键指标进行截尾或缩尾处理[①]。

第二步，根据“境外投资企业（机构）名录”，将2000～2005年存在对外直接投资行为的企业从数据集中删除，然后将2006～2009年开展对外直接投资活动企业的投资时间、投资类型等信息横向合并到数据集[②]。从投资类型看，2006～2009年技术研发型和资源开发型对外直接投资案例过少[③]，考虑到实证分析的稳健性，将这两种类型的投资企业样本从数据集中删除，因而处理组中仅包含商贸服务型和当地生产销售型对外直接投资企业样本。最终形成的2005～2009年的企业平衡面板数据集包含85 884家企业、

① 样本和数据处理，以及本章实证分析的详细程序代码可向作者索取，作者邮箱：hubingcqnu@163.com。

② 如果同一企业在2006～2009年有多次对外直接投资行为，仅记录第一次。

③ 合并后数据库中包含的2006～2009年商贸服务型对外直接投资企业、当地生产销售型对外直接投资企业、技术研发型对外直接投资企业、资源开发型对外直接投资企业分别为510家、71家、14家、15家。

429 420 个观测值，其中对照组企业 85 303 家，处理组企业 581 家（包含商贸服务型对外直接投资企业 510 家，当地生产销售型对外直接投资企业 71 家）（表 4-2）。

表 4-2 合并后的处理组企业样本 （单位：家）

类型	2006 年	2007 年	2008 年	2009 年	合计
商贸服务型对外直接投资企业	133	121	119	137	510
当地生产销售型对外直接投资企业	9	27	18	17	71
合计	142	148	137	154	581

85 884 家企业的总样本容量中包含 581 家处理组企业，单纯从数字看，将“境外投资企业（机构）名录”数据整合进入“中国工业企业数据库”的成功率相比其他同类文献稍低。主要原因在于为了获得比较“干净”的对照组，从样本中删除了 2000～2005 年存在对外直接投资行为的企业，同时，基于稳健性考虑从处理组中删除了 2006～2009 年技术研发型和资源开发型对外直接投资企业样本，而其他同类文献并未如此处理。

第三节实证分析估计式（4-3）时，上述 85 884×5=429 420 个观测值并不全部参与回归，且回归之前尚需进行样本匹配。处理组和对照组的样本匹配分年进行，同时界定时间窗口。以 2006 年为例，基于对外直接投资事件发生前一年（即 2005 年）的企业“状态”执行倾向得分匹配程序，从对照组中为 2006 年实际开展对外直接投资活动的处理组企业匹配样本；同时界定时间窗口，对于 2006 年实际开展对外直接投资活动的处理组企业以及匹配成功的对照组企业，定义 2005 年为事件前时期（$period_t = 0$），2006 及之后年份为事件后时期（$period_t = 1$）。其他年份的样本匹配和时间窗口界定依此类推，最后合并各年份处理组企业及其配对企业样本，估计式（4-3）。

估计式（4-3）时涉及的其他变量的定义及处理说明如下：

出口采用出口交货值衡量（取自然对数）。出口强度定义为出口交货值与工业销售产值的比率，由于存在前期存货用于本期出口的可能，出口强度数值理论上存在大于 1 的情形，此时将其替换为 1。企业规模采用企业销售额与所在二分位行业平均销售额的比率衡量。企业面临的金融约束采用企业应收账款与企业销售额的比率衡量。企业年龄为相应年份减去企业成立年份之差[①]。全要素生产率通过面板数据固定效应方法估算得到[②]。资本密集度采用企业固定资产与从业人员年平均人数的比率衡量（取自然对数）。新产品销售比重采用企业新产品销售产值与工业销售产值的比率衡量。企业属性按照“中国工业企业数据库”中的企业登记注册类型来定义，包括国有企业、集体和混合企业、民营企业、港澳台商投资企业、外商投资企业等。考虑到为了享受税收等优惠政策而可能出现的误报现象，按照范剑勇和冯猛（2013）的做法，根据企业实收资本金的构成定义企业属性变量[③]。

变量处理过程中的名义值采用企业所在地区的价格指数进行调整（2005 年=100），根据变量性质，分别采用工业品出厂价格指数、固定资产

① 一些企业的成立时间出现了误报、漏报的情况，已通过手工查阅资料一一加以修正。另外，考虑到个别老字号企业的成立时间可追溯到几百年前，因此在计算企业年龄变量时，将 1949 年之前成立的企业统一替换为 1949 年成立。稳健性检验表明，如果把这些老字号企业的成立时间设定为 1978 年或者不作处理，实证分析的基本结论不变。企业年龄变量的影响可能是非线性的，因此在进行实证分析时还在模型中加入了企业年龄变量的二次项。

② 估算全要素生产率时，投入变量为不变价企业固定资产和企业从业人员年平均人数，因 2008 年和 2009 年缺乏工业增加值数据，故产出变量采用不变价企业工业总产出数据。分别采用面板数据固定效应方法和最小二乘方法估算企业全要素生产率，前者参与回归分析，后者参与稳健性检验。另外，由于部分年份缺乏中间投入等数据，本章未采用 OP（Olley-Pakes）、LP（Levinsohn-Petrin）等方法估算企业全要素生产率，根据鲁晓东和连玉君（2012）的研究，上述四种方法估算的结果虽然存在差异，但四种方法估算结果的两两相关系数最小为 0.9318，最大为 0.9988，核密度函数图也表明四种方法估算结果的分布和趋势是一致的。因此可以推断，即使采用 OP 法或 LP 法估算的结果参与本章的实证分析，模型的基本结论也不会改变。

③ 根据企业实收资本金的构成定义企业属性变量，原则是按资本金构成中的份额最大者进行定性。具体如下：国家资本占比最多的为国有企业，集体和法人资本占比最多的为集体和混合企业，个人资本占比最多的为民营企业，港澳台资本占比最多的为港澳台商投资企业，外商资本占比最多的为外商投资企业。占样本总量比例极小的个别企业存在两个最大资本来源出资相等的情况，未做特别处理，直接根据资本来源性质，将该企业定义为拥有两种企业属性。在进行实证分析时，因多重共线性问题，民营企业虚拟变量不进入模型。

投资价格指数或者居民消费价格指数进行调整。表 4-3 提供了相关变量的简要统计。从均值的数字来看，处理组和对照组两组企业在金融约束、企业年龄等指标上的差异并不大，但在出口、出口强度等指标上处理组企业明显高于对照组企业。需要指出的是，因尚未进行样本匹配，表 4-3 列示的两组企业的各变量均值不宜直接比较，对外直接投资事件是否使得处理组企业比对照组企业有更好的出口表现更有待于样本匹配后的倍差分析。

表 4-3　相关变量的简要统计

变量符号	变量名称	全部企业		处理组企业		对照组企业	
		样本	均值	样本	均值	样本	均值
lnex	出口	85 884×5	1.80	581×5	4.57	85 303×5	1.78
ex_rate	出口强度	85 884×5	0.20	581×5	0.46	85 303×5	0.20
size	企业规模	85 884×5	0.97	581×5	2.25	85 303×5	0.96
finance	金融约束	85 884×5	0.16	581×5	0.16	85 303×5	0.16
age	企业年龄	85 884×5	11.02	581×5	11.31	85 303×5	11.02
tfp_fe	全要素生产率	85 884×5	3.30	581×5	3.72	85 303×5	3.30
lnkl_rate	资本密集度	85 884×5	−0.63	581×5	−0.46	85 303×5	−0.63
new	新产品销售比重	85 884×5	0.04	581×5	0.10	85 303×5	0.04
dum_soe	国有企业虚拟变量	85 884×5	0.03	581×5	0.02	85 303×5	0.03
dum_jthh	集体和混合企业虚拟变量	85 884×5	0.31	581×5	0.28	85 303×5	0.31
dum_pri	民营企业虚拟变量	85 884×5	0.47	581×5	0.53	85 303×5	0.47
dum_gt	港澳台商投资企业虚拟变量	85 884×5	0.10	581×5	0.10	85 303×5	0.10
dum_for	外商投资企业虚拟变量	85 884×5	0.10	581×5	0.08	85 303×5	0.10

注：表中数据根据整合后的数据计算得到，涉及名义值的变量，采用企业所在地的相应物价指数进行调整

第三节 实证结果与分析

一、全样本实证结果

按照匹配倍差法的设定，在估计式（4-3）之前先匹配样本。分年依次采用倾向得分匹配的一对一近邻匹配算法，依据 Logit 模型估计得到的对外直接投资事件发生前每个企业对外直接投资的预测概率值配对处理组和对照组企业。参照蒋冠宏和蒋殿春（2014）、毛其淋和许家云（2014a）等文献，选择的匹配变量包括相对总产出大小（企业总产出与所在二分位行业平均总产出的比率）、全要素生产率、出口强度等，并在分年估计的 Logit 模型中控制了企业属性、行业和区域虚拟变量。各年分别匹配的平衡检验结果显示，处理组和对照组的各匹配变量在匹配前的 t 统计量相伴概率均小于 5%，在匹配后的 t 统计量相伴概率均大于 25%，同时各变量标准偏差的绝对值均小于 20%①。检验结果表明，样本匹配取得了较好的效果，匹配后各变量在处理组和对照组间已不存在显著差异，满足匹配的平衡性假设。

基于倾向得分匹配得到的处理组和对照组样本，运用倍差法考察对外直接投资对企业出口的影响，并将式（4-3）的全样本匹配倍差估计结果列于表 4-4。

表 4-4　全样本匹配倍差估计结果（被解释变量：lnex）

项目	模型（1）	模型（2）	模型（3）	模型（4）
treat	0.73***	0.76***	0.78***	1.04***
	（6.97）	（7.44）	（8.04）	（8.84）
period	−0.01	−0.01	−0.02	−0.21
	（−0.11）	（−0.05）	（−0.18）	（−1.44）

① Rosenbaum 和 Rubin（1985）指出匹配后标准偏差的绝对值小于 20%，即可认为匹配效果较好。各年的倾向得分匹配及其平衡性检验结果可向作者索取。

续表

项目	模型（1）	模型（2）	模型（3）	模型（4）
treat · period	0.28* (1.91)	0.31** (2.12)	0.26* (1.93)	0.51*** (3.11)
size			0.27*** (14.79)	0.31*** (15.19)
finance			−1.83*** (−8.50)	−1.48*** (−6.01)
age			0.06*** (4.54)	0.08*** (5.09)
age2			−0.00*** (−3.22)	−0.00*** (−4.22)
tfp_fe			0.09 (1.39)	−0.05 (−0.67)
lnkl_rate			−0.30*** (−8.66)	−0.10** (−2.53)
new			0.91*** (5.62)	1.14*** (5.81)
dum_soe		1.27*** (4.44)	0.99*** (3.64)	0.83*** (2.69)
dum_jthh		0.04 (0.45)	−0.01 (−0.08)	0.04 (0.44)
dum_gt		1.15*** (8.74)	1.14*** (9.15)	0.74*** (4.31)
dum_for		1.58*** (11.68)	1.70*** (13.26)	1.49*** (8.37)
年虚拟变量（2006 年）	0.22* (1.89)	0.22* (1.86)	0.07 (0.61)	0.02 (0.15)
年虚拟变量（2007 年）	0.32** (2.53)	0.30** (2.41)	0.02 (0.15)	−0.03 (−0.20)
年虚拟变量（2008 年）	0.26* (1.89)	0.24* (1.74)	−0.01 (−0.09)	−0.01 (−0.09)
年虚拟变量（2009 年）	−0.02 (−0.10)	−0.05 (−0.30)	−0.35** (−2.38)	−0.30* (−1.66)

续表

项目	模型（1）	模型（2）	模型（3）	模型（4）
行业虚拟变量	控制	控制	控制	控制
区域虚拟变量	控制	控制	控制	控制
Obs	5810	5810	5810	3882
R^2_adj	0.1895	0.2167	0.3143	0.3066

注：括号内为 *t* 值，***、**、*分别表示在 1%、5%、10%水平下显著，age2 变量为企业年龄的二次项，Obs 为样本容量（样本观测值个数）；模型（1）～模型（4）指的是对应式（4-3）的四个不同估计结果，为实证分析的惯常做法，下同

表 4-4 的模型（1）～模型（3）均控制了时间、行业、区域虚拟变量，除此之外，模型（1）仅控制了 treat（处理组对照组虚拟变量）、period（事件前事件后虚拟变量），以及两者的交叉项；模型（2）加入了企业属性虚拟变量，模型（3）进一步加入了企业规模、金融约束、企业年龄等一系列控制变量。从模型（1）～模型（3）的估计结果来看，treat 变量均在 1%水平显著为正，表明处理组比对照组有更好的出口表现；period 变量均不显著；treat 和 period 交叉项在 5%或 10%水平显著为正，表明对外直接投资促进企业出口。另外，我国外向型经济发展的一个重要特征是加工贸易在贸易总额中占有较大比重，加工贸易企业与一般贸易企业的出口行为可能存在差异。以出口交货值与销售产值的比率定义的出口强度（ex_rate）变量能够较好地鉴别两类企业（范剑勇和冯猛，2013），因此将出口强度大于 0.8 的样本予以删除，重新回归模型，结果列于表 4-4 的最后一列。在模型（4）的设定下，treat 和 period 交叉项的系数变大且在 1%水平显著，这进一步证实了我国企业的对外直接投资行为能够提升其出口。

模型（3）和模型（4）的估计结果还显示，规模（size）越大、新产品销售比重（new）越高的企业出口越多，金融约束（finance）变量负向影响企业出口。这说明，企业通过规模经济以降低单位产品生产成本、不断推出新产品能够提升出口竞争力，而金融约束不利于企业克服出口固定成本和可变成本投入的融资困难，从而抑制出口。企业年龄（age）显著为正，二次项显著为负。对我国企业而言，历史悠久可能代表着良好的产品和累积的声誉，但也可能代表着设备老化、管理僵化以及诸多历史遗留问题（毛

其淋和盛斌，2013），因此企业年龄对其出口存在倒 U 形的非线性影响。资本密集度（lnkl_rate）显著为负，符合本章考察期间我国众多企业依靠劳动丰裕而非资本丰裕的比较优势参与国际贸易竞争的特征事实。全要素生产率（tfp_fe）不显著，一些文献所探讨的我国出口企业存在的生产率悖论现象在本章并未得到证实。在企业属性方面，相对于民营企业而言，国有企业（dum_soe）、港澳台商投资企业（dum_gt）、外商投资企业（dum_for）平均出口更多，集体和混合企业（dum_jthh）不显著。

为了检验上述结论的稳健性，将模型被解释变量改为出口强度（ex_rate），基于删除了出口强度大于 0.8 的样本重新回归，结果列于表 4-5 的模型（5）～模型（7）。结果显示，treat 和 period 交叉项的系数在三个模型中均在 5%水平显著为正，而其他解释变量的符号和显著性与表 4-4 基本一致。另外，本节尝试采用半径匹配、核匹配等方法匹配样本，以及改变全要素生产率的估算方法等多种稳健性检验，发现式（4-3）的回归结果均没有实质性变化，由此可知 2005～2009 年我国企业对外直接投资正向影响其出口的结论比较稳健。

表 4-5　全样本匹配倍差估计结果（被解释变量：ex_rate）

项目	模型（5）	模型（6）	模型（7）
treat	0.07^{***} （6.34）	0.07^{***} （6.31）	0.07^{***} （6.45）
period	−0.02 （−1.55）	−0.02 （−1.62）	−0.02 （−1.50）
treat · period	0.03^{**} （2.12）	0.03^{**} （2.20）	0.03^{**} （2.15）
size			0.00^{**} （2.39）
finance			-0.18^{***} （−7.97）
age			0.01^{***} （3.76）
age2			-0.00^{***} （−3.73）

续表

项目	模型（5）	模型（6）	模型（7）
tfp_fe			-0.02^{**} （−2.54）
lnkl_rate			-0.02^{***} （−5.07）
new			0.06^{***} （3.52）
dum_soe		0.10^{***} （3.57）	0.12^{***} （4.21）
dum_jthh		−0.00 （−0.02）	0.00 （0.54）
dum_gt		0.05^{***} （3.12）	0.06^{***} （4.04）
dum_for		0.07^{***} （4.23）	0.10^{***} （5.87）
年虚拟变量（2006 年）	0.01 （0.73）	0.01 （0.69）	0.01 （0.42）
年虚拟变量（2007 年）	0.02 （1.18）	0.02 （1.24）	0.01 （0.83）
年虚拟变量（2008 年）	0.01 （0.36）	0.01 （0.39）	0.00 （0.20）
年虚拟变量（2009 年）	−0.01 （−0.55）	−0.01 （−0.56）	−0.02 （−0.99）
行业虚拟变量	控制	控制	控制
区域虚拟变量	控制	控制	控制
Obs	3882	3882	3882
R^2_adj	0.15	0.16	0.18

二、分类别实证结果

全样本中的企业对外直接投资包含商贸服务型对外直接投资和当地生产

销售型对外直接投资，本节针对这两种类型的出口效应分别展开实证分析。

将当地生产销售型对外直接投资企业从包含 85 884 家企业、429 420 个观测值的整合数据集中删除，重新分年为商贸服务型对外直接投资企业匹配对照组样本，进而估计式（4-3），结果列于表 4-6 的模型（8）～模型（11），其中，模型（11）剔除了出口强度大于 0.8 的企业样本。treat 和 period 交叉项的系数在 0.34～0.46，5%或 1%水平显著为正，表明商贸服务型对外直接投资明显推动了企业的出口。在实证分析的 2005～2009 年，不少企业为了应对外部出口环境的变化，通过在境外设立办事处等形式开展对外直接投资，根据商务部“境外投资企业（机构）名录”中对其业务范围的描述，这一类型的对外直接投资主要从事联系客户、贸易咨询、承揽订单、售后服务、信息联络等非经营性工作，因而能够扩大海外市场需求，促进母公司的出口。

表 4-6　商贸服务型对外直接投资匹配倍差估计结果（被解释变量：lnex）

项目	模型（8）	模型（9）	模型（10）	模型（11）
treat	0.65***	0.61***	0.58***	1.02***
	（5.83）	（5.58）	（5.73）	（7.89）
period	−0.02	0.00	−0.02	−0.05
	（−0.16）	（0.00）	（−0.15）	（−0.33）
treat · period	0.40***	0.44***	0.34**	0.46**
	（2.58）	（2.86）	（2.38）	（2.56）
size			0.32***	0.36***
			（16.15）	（16.07）
finance			−1.62***	−1.18***
			（−6.91）	（−4.27）
age			0.02*	0.05***
			（1.71）	（3.10）
age2			−0.00*	−0.00***
			（−1.67）	（−2.97）
tfp_fe			0.24***	0.15*
			（3.54）	（1.75）
lnkl_rate			−0.39***	−0.23***
			（−10.54）	（−4.76）

续表

项目	模型（8）	模型（9）	模型（10）	模型（11）
new			1.16*** （6.62）	1.41*** （6.40）
dum_soe		1.84*** （5.21）	1.34*** （3.97）	1.17*** （3.16）
dum_jthh		0.14 （1.51）	0.09 （1.05）	0.13 （1.19）
dum_gt		1.30*** （9.10）	1.27*** （9.71）	1.13*** （5.93）
dum_for		1.64*** （10.35）	1.63*** （11.10）	1.53*** （7.06）
年虚拟变量（2006 年）	0.12 （0.95）	0.10 （0.81）	−0.01 （−0.13）	0.01 （0.05）
年虚拟变量（2007 年）	0.22 （1.63）	0.19 （1.41）	−0.04 （−0.28）	−0.07 （−0.45）
年虚拟变量（2008 年）	0.18 （1.23）	0.14 （0.95）	0.01 （0.10）	−0.00 （−0.03）
年虚拟变量（2009 年）	−0.13 （−0.80）	−0.19 （−1.15）	−0.38** （−2.44）	−0.36* （−1.85）
行业虚拟变量	控制	控制	控制	控制
区域虚拟变量	控制	控制	控制	控制
Obs	5100	5100	5100	3243
R^2_adj	0.1498	0.1792	0.3114	0.3361

将商贸服务型对外直接投资企业从整合数据集中删除，重新为当地生产销售型对外直接投资企业匹配对照组样本。数据集中 2006～2009 年当地生产销售型对外直接投资企业仅 71 家，分年匹配样本时回归无法收敛，因此采用 2005 年数据一次性为 2006～2009 年当地生产销售型对外直接投资企业匹配对照组样本。将当地生产销售型对外直接投资出口效应的匹配倍差估计结果列于表 4-7 的模型（12）～模型（15），其中模型（15）剔除了出口强度大于 0.8 的企业样本。treat 和 period 交叉项的系数在模型（14）中

在 10%的较弱水平显著为正，在模型（12）～模型（15）中均不显著，结果表明当地生产销售型对外直接投资的出口促进效应并不稳健。对于当地生产销售型对外直接投资而言，一方面可能替代投资母国对东道国的出口；另一方面，海外子公司或分支机构可能需要向母公司购买各类资本设备和中间产品（毛其淋和许家云，2014a），这种出口带动效应在海外投资初期更可能发生。

表 4-7 当地生产销售型对外直接投资匹配倍差估计结果（被解释变量：lnex）

项目	模型（12）	模型（13）	模型（14）	模型（15）
treat	0.49* （1.79）	0.54** （2.01）	0.46* （1.77）	0.60** （2.20）
period	−0.98*** （−2.77）	−1.08*** （−3.05）	−0.99*** （−2.90）	−0.77** （−2.17）
treat · period	0.47 （1.24）	0.50 （1.30）	0.63* （1.71）	0.25 （0.66）
size			0.15** （2.26）	0.13* （1.86）
finance			−2.94*** （−4.17）	−1.85*** （−2.72）
age			−0.04 （−0.94）	−0.03 （−0.84）
age2			0.00*** （2.88）	0.00*** （3.16）
tfp_fe			−0.53*** （−2.84）	−0.43** （−2.23）
lnkl_rate			−0.14 （−1.51）	−0.05 （−0.56）
new			0.63 （0.80）	1.20 （1.50）
dum_soe		1.29* （1.68）	−0.01 （−0.01）	0.41 （0.56）
dum_jthh		0.02 （0.06）	0.05 （0.22）	−0.11 （−0.43）

续表

项目	模型（12）	模型（13）	模型（14）	模型（15）
dum_gt		1.08*** （2.72）	1.29*** （3.40）	0.43 （0.96）
dum_for		0.62* （1.94）	1.01*** （3.28）	1.17*** （3.50）
年虚拟变量（2006 年）	0.14 （0.45）	0.15 （0.49）	0.22 （0.79）	0.16 （0.57）
年虚拟变量（2007 年）	0.41 （1.23）	0.46 （1.38）	0.45 （1.40）	0.32 （0.97）
年虚拟变量（2008 年）	0.49 （1.32）	0.56 （1.51）	0.58 （1.59）	0.75** （1.99）
年虚拟变量（2009 年）	0.30 （0.72）	0.39 （0.93）	0.41 （1.00）	0.43 （1.04）
行业虚拟变量	控制	控制	控制	控制
区域虚拟变量	控制	控制	控制	控制
Obs	710	710	710	558
R^2_adj	0.3360	0.3441	0.4058	0.4010

第四节　本 章 小 结

本章整合“中国工业企业数据库”和“境外投资企业（机构）名录”数据库形成新的企业级微观数据集，运用倾向得分匹配和倍差法实证考察了我国制造业企业对外直接投资的出口效应。结果表明，我国商贸服务型对外直接投资的出口促进效应非常稳健，当地生产销售型对外直接投资可能带动资本品等的出口从而推动出口增长，我国对外直接投资总体上呈现与出口间的互补效应。当前，国际经济环境和国内经济条件已经发生变化，在我国出口外部环境日趋复杂和对外直接投资迅猛发展的背景下，本章的研究为统筹对外直接投资和贸易，推动我国企业更好地“走出去”等宏观决策提供了微观层面的经验证据。

本章在样本和数据处理以及模型估计过程中，清晰地界定了处理组和对照组样本以及时间窗口，着重针对商贸服务型和当地生产销售型对外直接投资的实证研究结论相当稳健。但需要特别指出的是，囿于数据的可获得性，本章的实证结果可能只反映了特定发展阶段的情况，我国对外直接投资究竟如何影响出口还有待进一步的检验：第一，我国对外直接投资整体表现为投资不足而非投资过度（乔晶和胡兵，2014），2009 年至今及可预见的将来，我国对外直接投资还将以较快的速度增长，技术寻求型和资源开发型对外直接投资的贸易效应有待评估。另外，随着当地生产销售型对外直接投资规模的扩大以及时间的推移，这一类型的对外直接投资将逐渐释放出越来越大的生产能力，从而有可能替代我国的出口。需要说明的是，由于本章实证分析样本中的技术研发型和资源开发型对外直接投资案例过少，为稳健性考虑实证分析未纳入这两类投资，但与商贸服务型和当地生产销售型对外直接投资相比，这两类投资应该更有利于从供给侧提升我国出口企业的国际竞争力，结合第三章价值链拓展型投资的分析，第五章将展开我国对外直接投资如何影响出口质量的实证研究。第二，分析与检验对外直接投资和贸易的关系时，相对于宏观数据而言，虽然微观数据存在有利于控制企业异质性等诸多优势，但考虑到企业对外直接投资行为在企业间、行业间、区域间的外溢效应，可能需要微观数据与宏观数据的结合或者在模型中控制这些外溢效应。

第五章　我国对外直接投资的贸易效应：出口质量视角

第四章实证分析了我国对外直接投资的出口贸易数量效应，本章实证分析我国对外直接投资如何影响本土企业出口质量。基于“中国工业企业数据库”的企业出口交货值微观数据，测算各省份以出口技术复杂度定义的出口质量，发现各省份本土企业出口质量普遍低于外商投资企业，但本土企业出口质量在不断提升并呈现出对外商投资企业的追赶态势。进一步的实证分析揭示，外商直接投资不利于本土企业出口质量的提升，原因是在外商直接投资模式下，当本土企业出口质量接近甚至赶超外商直接投资企业出口质量时，外商直接投资呈现出显著的抑制效应；而“以我为主”的对外直接投资则显著促进本土企业出口质量的提升。逻辑一致的计量分析较好地验证了理论假说，基于面板向量自回归模型等方法的后续分析验证了上述结论的稳健性。本章的研究为经济新常态阶段审视和评估外商直接投资的外溢效应提供了新的经验证据，同时为“一带一路”背景下推动我国企业对外直接投资提供了经验支持。

第一节　问题的提出

我国开放经济的发展，特别是制造业企业的出口扩张令人瞩目，2009年至今，我国出口额稳居世界第一，其中，大约95%为工业制成品出口（国家统计局，2018）。随着发展阶段的变化，尤其是在经济步入新常态等背景下，中国的目光和诉求逐渐由出口数量转向出口质量，因此提升企业技术水平和产品质量已成为亟待破解的课题。

学术界探讨此课题的一个维度是外商直接投资。我国引进的大量外商直接投资推动企业快速融入世界生产和贸易的全球价值链分工体系，使得出口在20世纪90年代中期以来呈现爆炸式增长，出口产品向更复杂的产业快速转移，出口技术结构越来越类似于发达国家而非发展中国家（Hausmann et al.，2005；Rodrik，2006）。然而，在修正测算方法并剥离外商投资企业及其相关的加工贸易等因素后，我国本土企业并无出口产品技术进步和结构升级的显著“异常”（Lall et al.，2006；杜修立和王维国，2007；姚洋和张晔，2008；Xu，2010；陈晓华等，2011）。由于外商投资企业出口占我国出口总额的60%以上（表5-1），特别是发达国家在华跨国公司以我国作为出口平台的行为直接拉高了我国出口产品的技术层级（Branstetter and Lardy，2006）；而本土企业通过外商在华投资经营管道参与世界生产和分工网络，并不断攀升至技术和质量阶梯的更高位次，但难以突破全球价值链高技术高附加值核心环节的“天花板”，甚至可能被俘获并锁定在获利甚微的价值链低端环节。作为发展中的贸易大国[①]，将出口产品的技术升级寄托于外商投资企业，可能会陷入“依附经济”和“贫困化增长”的境地（Humphrey and Schmitz，2000；Kaplinsky，2001；刘志彪和张杰，2009）。

表5-1　不同类别企业出口占我国出口份额　（单位：%）

项目		2003年	2004年	2005年	2006年	2007年	2008年	2009年
本土企业	国有	11.57	8.17	6.14	5.27	4.74	3.36	3.26
	非国有	27.65	29.24	30.20	30.45	29.81	31.33	32.42
外商投资企业		60.78	62.58	63.66	64.29	65.45	65.31	64.32

注：根据本章微观样本数据计算汇总，企业类别划分和数据处理说明详见本章第三节

① 社会公众对于中国作为贸易大国而非贸易强国的直观印象是近年国际市场频繁出现的场景：中国卖什么，什么便宜；中国买什么，什么昂贵。

与外商直接投资相对应的国际资本流动的另一个维度是对外直接投资。进入 21 世纪后我国对外直接投资迅猛增长，2003～2011 年投资流量年均增长率为 50.41%，2012～2014 年位居世界第三，2015 年位居世界第二（UNCTAD，2016），2014 年和 2015 年我国对外直接投资已超过外商直接投资（国家统计局，2015）。虽然在此过程中有一些投资失败的案例，但我国当前面临的问题是对外投资不足而非对外投资过度，“一带一路”背景下，我国对外直接投资还将以较快的速度增长（乔晶和胡兵，2014）。考虑到经济体量和发展速度，我国企业的对外直接投资活动将对全球生产和价值链分工格局产生深远影响。如果“被动参与、被动融入”的外商直接投资模式可能锁定本土企业于分工价值链低端的逻辑成立，则“以我为主、为我所用”的对外直接投资模式是否能呈现促进本土企业出口产品技术升级和质量提升的不同图景？

基于上述资本双向流动的线索，本章尝试从外商直接投资和对外直接投资的视角切入，探讨和诠释开放经济下我国本土企业出口质量提升的机制和逻辑。选择此主题的理论和现实考量如下：①提升（出口）产品质量是我国步入依靠创新驱动新常态阶段经济发展的目标诉求，同时也是新常态阶段经济发展的重要内容，正如 Hausmann 等（2005）、Rodrik（2006）等指出的，关联一国长期经济增长的“不是出口多少，而是出口什么”。然而，现有文献关于我国出口产品质量的研究还很不充分，虽然近年来不少研究开始关注外商直接投资或者对外直接投资的出口质量效应，但并未取得一致结论，也未见相关研究将两者纳入同一框架进行逻辑一致的理论演绎和实证检验。②从供给侧审视，作为国际资本流动的两个不同维度，外商直接投资和对外直接投资都是开放经济下利用国际要素改进国内供给效率和质量的重要途径，两者在塑造本土企业出口质量的演化路径时可能存在相互印证的效应和机制。考虑到当前我国引进外商直接投资、推动对外直接投资的相关认识，以及某些政策和具体做法并不能及时响应两者此消彼涨的发展态势，本章的研究在一定程度上能为“一带一路”背景下理解两者的关系提供一个新的考察视角。

本章对于现有文献的拓展主要体现在以下方面：①研究思路。李坤望和王有鑫（2013）探讨了外商直接投资的出口质量效应，景光正和李平

（2016）探讨了对外直接投资的出口质量效应，本章尝试将两者纳入同一框架进行理论演绎和实证检验。②研究样本和数据。不少文献基于国际贸易细分数据测算并评估我国及相关国家的出口质量，进而以包括我国在内的跨国面板数据模型实证考察我国出口质量提升的动因。这类研究存在两个问题：其一，基于国际贸易细分数据测算并评估我国及相关国家的出口质量，掩盖了我国内部不同省份出口的巨大差异（Xu，2010）；其二，以包括我国在内的跨国面板数据实证检验我国出口质量提升的动因，模型缺乏针对性又难以很好地控制不同国家在历史、制度等方面的巨大异质性，其实证结果可能存在偏差（陈晓华等，2011）。本章采用“中国工业企业数据库”的企业出口交货值微观数据测算不同省份的出口质量①，进而构建省际面板数据模型检验外商直接投资和对外直接投资的出口质量效应，相对跨国实证检验具有更好的针对性和稳健性。③研究结论。本章研究发现各省份本土企业出口质量普遍低于外商投资企业出口质量，但呈现出赶超态势；外商直接投资抑制而对外直接投资促进本土企业出口质量的提升。其原因是外商直接投资模式下，本土企业被动而非主动参与价值链分工体系，当本土企业出口质量接近甚至赶超外商投资企业出口质量时，外商直接投资对本土企业出口质量表现出显著的抑制效应。执行面板向量自回归等多方面的稳健性检验，结果均支持这一结论。

第二节　理论、文献与待检验假说

一、关于出口质量的测算

我国的出口表现及其展现出的强劲竞争力一直是国际学术界研究的热

① 新近的文献尝试将上述思路拓展至我国分区域出口质量的测算进而实证检验影响出口质量提升的动因，但相关文献所采用的贸易细分数据的分类过于宽泛，所得结果难以令人信服。

点之一。自 Melitz（2003）提出新新贸易理论以来，企业间的异质性受到重视，尤其是企业技术进步-生产率提高-成本下降-出口（价格）竞争力增强的机制在中国案例下被讨论得相当充分。随着行业高度细分的国际贸易数据的日渐丰富，近年来学者的兴趣逐渐转向演绎与出口企业异质性相关的另一个机制：企业技术进步-自主创新能力增强-生产价值链位次上升-出口产品质量提高。对此机制的演绎涉及一国出口质量的测度，这是目前学术界探讨比较热烈的一个领域，在考察一国的全球分工价值链位次或出口商品结构等场合，出口技术复杂度是一个运用较为广泛的指标。该指标能够较好地反映一国全球分工地位的优劣（Hausmann et al.，2005），为国际贸易、出口结构以及发展中国家的出口竞争力研究提供了一个有力的分析工具（Lall et al.，2006）。出口技术复杂度指标首先测算每一细分行业（产品）的技术复杂度水平，然后加权获得一国以出口技术复杂度定义的出口质量的测度，其思路最早源于 Michaely（1984）、Hausmann 等（2005）、Rodrik（2006）、樊纲等（2006）在实证研究时对其进行了改进或修正。基于出口技术复杂度指标，Rodrik（2006）研究发现，中国独辟蹊径的出口之路不同于其他发展中国家，而是致力于较高生产率产品的生产，努力开拓先进的、高技术产品的出口，中国的出口结构与人均收入高出中国三倍国家的出口结构相同。然而，在修正测算方法并剥离外商投资企业及其相关的加工贸易等因素后，不少文献发现，我国企业虽然有出口产品的技术进步和结构升级，但测算结果并没有 Rodrik（2006）测算的那么高，我国等发展中国家的出口产品质量仍然普遍低于大多数发达国家，不存在“Rodrik 悖论”（Lall et al.，2006；杜修立和王维国，2007；姚洋和张晔，2008；Xu，2010；陈晓华等，2011）。

上述相关文献的涌现在很大程度上得益于行业（产品）高度细分的国际贸易数据的日益丰富。但是，基于跨国贸易细分数据测算并评估我国及相关国家的出口质量，掩盖了我国内部不同省份间出口的巨大差异（Xu，2010）。而且，在后续构建包括我国在内的跨国面板数据模型实证考察影响中国出口质量提升的动因时，模型缺乏针对性，又难以很好地控制不同国家在历史、制度等方面的巨大异质性，其实证结果可能存在偏差（陈晓华等，2011）。近年来的文献尝试将上述思路拓展至我国分区域出口质量的测算并进而实证检验影响出口质量提升的动因，但相关文献所采用的贸易细分数据的分类过于宽泛，所得结果难言可靠。例如，卫平和冯春晓（2010）的《中国出口商品结构高度化的影响因素研究——基于省际面板数据的实证检验》在测算我国 31 个省份（不含港澳台地区）2002～2007 年出口技术复杂度时，所使用的各省份细分行业出口数据仅止于协调制度分类的二十一大类。莫莎和李玲（2015）的《对外直接投资对出口技术复杂度的影响研究》在测算我国 29 个省份（不含港澳台地区，不含新疆和西藏）2003～2008 年出口技术复杂度时，所使用的各省份细分行业出口数据则止于协调制度分类的十七大类。

二、外商直接投资、对外直接投资如何影响出口质量

外商直接投资如何影响本土企业的技术进步和技术复杂度水平的提高，进而实现出口产品从产业价值链低端向高端的质量升级？作为资本、设备、管理、知识等的综合体，外商直接投资通过示范与模仿、人员培训和流动、产业关联、竞争效应促进东道国技术进步（Kinoshita，2001），从而提升东道国企业的出口产品质量。然而，发展中国家通过引进外商直接投资参与主要由发达国家跨国公司主导的全球价值链，由于发达国家跨国公司掌握着研发设计、核心零部件制造，以及全球营销网络和售后服务体系等价值链“微笑曲线”上下游的高端环节，发展中国家企业仅仅扮演“被分工”的角色，一般只能处于获利甚微的价值链低端环节。发展中国家引进外商直接投资的正向外部性并不确定，一些研究则直接提供了负向外部性的证据，或者说，外商直接投资会抑制东道国本土企业出口质量的提升。导致这种抑制效应可能存在的机制如下：

第一，Vernon（1966）、Kojima（1978）等指出，发达国家将成熟或标准化的产业、本国已经处于或即将处于比较劣势的产业，或者核心竞争力重新定位后的生产制造等低附加值环节转移到发展中国家，其目的主要在于降低成本而非推动东道国的技术进步和创新。在实践层面，我国曾经通过税收优惠等“超国民待遇”引进外商直接投资，使得一些技术水平不高甚至落后的外商投资企业或者伪外商投资企业进入国内，它们的示范模

仿等外溢效应有限（蒋殿春和张宇，2008；孙少勤和邱斌，2010）。第二，即使东道国通过外商直接投资承接了相对更高端的生产环节，客观上有利于本土企业循序升级价值链和产品技术复杂度，但价值链高端的核心环节被外商直接投资所控制，容易被外商投资企业锁定在低技术的工序环节，甚至掉入“技术陷阱”，从而制约了自主创新能力的培育和提升（刘志彪和张杰，2009）。陈晓华和沈成燕（2015）的研究证实，在这种模式下，国内企业出现了质量革新惰性，甚至一些优质的出口企业亦最终沦为劣质企业。第三，外商投资企业的进入会引发更激烈的市场竞争，从而激励本土企业通过模仿或自主研发寻求技术进步，但为了减少自身知识和技术在行业内的租金消散，外商投资企业具有抑制本土企业技术进步的倾向（Markusen and Venables，1996）。而且，激烈的竞争可能会导致不同类型企业的两极化分工（Amiti and Khandelwal，2013）：高端的外商投资企业进一步提升其产品质量，而本土企业则在低端位置挣扎，利润空间被极度压缩甚至被迫退出市场，进行技术创新和质量提升便无从谈起（Aitken and Harrison，1999）。20 世纪 90 年代以来，我国“以市场换技术”的战略在不少行业并不成功，也证实了外商投资企业抑制本土企业市场生存空间效应的存在（Backer and Sleuwaegen，2003）。第四，可能存在的倒“U”形关系。在本土企业嵌入价值链初期，主导价值链的外商投资企业通过高生产标准要求影响代工企业，或主动向本土企业转移技术（Pack and Saggi，2001），而本土企业或直接或间接获益于外商直接投资的技术外溢，并通过学习模仿和研发创新以满足外商投资企业的高生产标准，提升技术水平和产品质量。但是，当本土企业沿价值链攀升并逼近外商投资企业时，后者倾向于采取双重阻击和控制，将我国企业俘获并锁定在“微笑曲线”低端以维持其“链主”地位（刘志彪和张杰，2009；王玉燕等，2014；蒲红霞，2015）。另外，外商投资企业对本土企业出口质量的负向影响可能与边际收益递减的发展阶段效应有关[①]。引进外商直接投资的发展战略在初期

① 姚枝仲和李众敏（2011）指出，改革开放以来，我国企业已经难以从直接观察外商投资企业的经营活动来获得效率提升和生产技术突破，通过对外直接投资（包括直接并购国外的技术和管理团队）已成为当前我国企业提升经营效率和突破生产技术的另一重要渠道。

促进了国内技术水平的迅速提高，创造了大量就业岗位，但随着国内技术水平的提升，引进外商直接投资政策的边际收益迅速递减；过度依赖外资技术，还可能损害国内的自主创新能力（何帆，2013）。施炳展和邵文波（2014）在《中国企业出口产品质量测算及其决定因素——培育出口竞争新优势的微观视角》一文中，以时间为界划分样本，结果发现外资对我国出口质量的影响方向在 2004 年之前的模型中显著为正，在 2004 年之后的模型中显著为负。

我国对外直接投资存在资源寻求、市场寻求、效率寻求、技术等战略性资产寻求等多种动因，何帆（2013）指出，我国在 20 世纪末通过加工制造业融入全球生产网络和国际贸易体系，进入 21 世纪后开始迅速增长的对外直接投资的一个重要目的在于，寻求从具有比较优势的“微笑曲线”低端的加工装配环节向不具有比较优势的附加值更高端拓展，具有强烈的价值链拓展诉求。在这些诉求的推动下，我国对外直接投资增长迅速，在可预计的将来还将以较高的速度增长（乔晶和胡兵，2014）。

现有相关文献揭示，对外直接投资通过多种机制促进我国企业的技术进步和出口质量提升：第一，产业升级效应。通过对外直接投资绕开贸易壁垒、降低贸易成本、开拓国际市场，将一国处于比较劣势的产业布局于相对落后国家，释放国内稀缺的生产要素至附加值更高行业，促进专业化分工，为培育比较优势或新兴产业提供空间，从而实现产业升级（Kojima，1978；Ozawa，1979）。第二，效率提升效应。对外直接投资企业通过内部化降低企业交易费用，提高生产率，促进企业价值链升级（Buckley and Casson，1976；Dunning，1977）。第三，市场深化效应。在向发达国家投资的过程中，发展中国家的企业因响应发达国家消费者相对更高的质量诉求提升其高质量产品的研发和供给能力（Murphy and Shleifer，1997；Hummels and Klenow，2005；Fajgelbaum et al.，2011；韩会朝和徐康宁，2014），并通过溢出效应延伸国内产品的质量阶梯，促进国内需求和市场的深化，形成新的出口比较优势（Krugman，1979），提升母国的出口产品质量。第四，逆向技术溢出效应。发展中国家跨国公司的技术寻求型对外直接投资等可以获取国内稀缺的互补性资源和战略性资产，延伸企业价值链，提升企业技术水平，并通过集群、关联、竞争等机制将逆向技术溢出效应扩散至相关行业，促进母国整体技术水平和出口产品质量的提升（Lall，1983；Cantwell and Tolentino，1990）。

在实证文献方面，与外商直接投资领域的研究类似，早期由于方法和数据方面的限制，诸多文献着重考察我国对外直接投资的技术溢出效应，近年来探讨对外直接投资的价值链升级和出口质量提升效应的文献日渐丰富。蒋冠宏等（2013）、毛其淋和许家云（2014b）、景光正和李平（2016）的研究表明，我国企业对外直接投资的逆向技术溢出效应较为明显，能够促进本国企业技术进步，提升企业出口质量。Cozza 等（2015）基于我国进入欧洲投资的企业微观数据，采用倾向得分匹配和双重差分方法进行实证研究，结果表明对外直接投资活动显著稳健地促进了这些公司在国内的企业规模和生产率。杜威剑和李梦洁（2015）的研究发现，发展中国家可以通过并购、联合研发等方式“以资金换技术”，整合发达国家优势技术资源，进行企业技术创新与产品升级。以高收入国家与低收入国家为例，发展中国家的企业向前者进行对外直接投资的产品升级效应更强。刘斌等（2015）的实证分析结果显示，对外直接投资能够显著提高企业在全球价值链体系中的“分工地位”，投资于发达国家有利于企业产品升级，投资于发展中国家有利于企业功能升级。另外，一些研究表明，我国现阶段对外直接投资的正向外溢效应并未显现（尹东东和张建清，2016），或者其效应的发挥受到市场机制、制度质量等条件的约束，甚至会产生负向溢出效应（Gorg and Greenaway，2004）。

三、待检验假说

外商直接投资和对外直接投资通过相应机制影响一国技术进步和出口产品质量，上述不少文献已经就这一效应展开了相关理论和实证研究，但外商直接投资和对外直接投资如何影响我国本土企业出口质量的命题并未在同一框架下得到逻辑一致的理论演绎和实证检验，且现有研究结论尚存在较大分歧。在经济新常态背景下，从供给侧审视，外商直接投资和对外直接投资都是利用国际生产要素改进国内供给效率和质量的途径，差异在于前者是被动参与、被动融入，后者是以我为主、为我所用。按照上述分析，在我国当前发展的新阶段，这种差异可能意味着两者在塑造本土企业出口质量方面的不同效应和机制，且能够在同一框架得到相互印证。结合上述理论和文献的分析，在此提出如下待检验假说：外商直接投资抑制而对外直接投资促进本土企业出口质量的提升；为了维持在价值链分工中的主导地位，外商直接投资的抑制效应可能发生在本土企业出口质量接近甚至赶超外商投资企业出口质量时。

第三节　出口质量的测算

在直接投资、产业转移等主导的全球价值链分工加剧背景下，从出口产品技术含量角度测算一国的出口质量首先需要测算该国出口的所有细分行业（产品）的技术水平，然后进行综合加权。显然，对于行业（产品）的细分程度越高，测算的结果越“准确”，然而当行业（产品）高度细分后，测算其技术含量的基础数据极度匮乏。技术复杂度指数可通过某一细分行业（产品）的出口国人均 GDP 加权法来计算该行业（产品）的技术复杂度水平，再进行综合加权得到。给定特定时间段（如某一年），某一细分行业（产品）i 的技术复杂度水平 PRODY_i 可通过式（5-1）计算得到：

$$\text{PRODY}_i = \sum_c \left\{ \frac{X_{ci}}{\sum_c X_{ci}} Y_c \right\} \tag{5-1}$$

式中，X_{ci} 为 c 国 i 行业（产品）的出口额；Y_c 为 c 国的人均 GDP。式（5-1）的思路实际是以各国 i 行业（产品）的出口额占该产品世界出口总额的比重作为权数，去加权 i 产品的所有出口国人均 GDP，其定义源于 Michaely（1984）。根据国际贸易理论，出口产品嵌入了出口国生产者的工资等生产成本，在国际贸易情形下，收入越高、生产成本越高国家的出口产品一定更“复杂”、更具技术含量才能在国际市场“成功出口”。因此，式（5-1）的思路能够表达各细分行业（产品）的技术复杂度水平且规避了高度细分行业（产品）的生产率等基础数据匮乏的问题。

式（5-1）的方法赋予了出口大国过高的权重而低估了出口小国的影响（Kumakura，2007），Hausman 等（2005）、Rodick（2006）的后续研究对式（5-1）修正后采用基于出口产品的显示性比较优势构建权数。另外，各国人均 GDP 一般呈指数分布，进行对数处理后再加权能更好地拟合现实情况（樊纲等，2006；杨汝岱和姚洋，2008）。因此，本章计算细分行业（产品）的技术复杂度水平采用如下公式：

$$\mathrm{PRODY}_i=\sum_c\left\{\frac{X_{ci}\Big/\sum_i X_{ci}}{\sum_c\left(X_{ci}\Big/\sum_i X_{ci}\right)}\ln Y_c\right\} \tag{5-2}$$

进而，根据出口综合技术复杂度定义的 c 国出口质量可表示为

$$\mathrm{SOPH}_c=\sum_i\left\{\frac{X_{ci}}{\sum_i X_{ci}}\mathrm{PRODY}_i\right\} \tag{5-3}$$

式（5-3）的综合指标能够较好地反映一国全球分工地位的优劣。根据本章第四节实证分析的需要，在此首次采用“中国工业企业数据库”的数据测算我国细分行业的出口产品技术复杂度水平和各省份的出口质量，样本周期为 2003～2009 年①。我国货物出口中的初级产品很少，2003～2009 年工业制成品出口稳定在 92%～95%（国家统计局，2015），而“中国工业企业数据库”是国有及规模以上非国有工业企业的微观数据库，2003 年收

① 选择 2003～2009 年的省际面板数据进行实证分析，主要是因为数据可得性的限制。我们无法获得 2003 年之前的分省份对外直接投资数据和 2009 年之后的中国工业企业数据。我国对外直接投资在 21 世纪进入快速增长阶段，商务部、国家统计局、国家外汇管理局从 2003 年开始联合发布《中国对外直接投资统计公报》。该公报提供的我国分区域对外直接投资数据止于省一级，因此，第四节的实证分析采用省级面板数据而非地市级或县级数据。Rodrik（2006）等诸多研究表明，我国出口技术水平的迅速提升现象主要出现在进入 21 世纪以后，第四节基于 2003～2009 年省际面板数据的实证分析能够较好地考察我国本土企业出口质量的变迁和动因。

录企业接近20万家，2009年增加到40多万家，所收录企业的工业总产值占我国工业总产值的比重为95%左右[①]。基于式（5-2）和式（5-3）的思路，根据该数据库提供的所收录企业的出口交货值以及企业所属省份和行业的详细信息，可以测算样本期间各年我国分行业（四分位）出口的“相对”产品技术复杂度水平和各省份的出口质量，以满足本章第四节实证分析的需要。具体过程如下：

第一步，参照现有文献关于“中国工业企业数据库”数据的通常处理办法，对数据进行整理和核对。删除总资产、固定资产、流动资产、工业总产值、销售额等指标缺失，以及总资产小于固定资产或流动资产等不符合会计原则或逻辑关系的企业样本。仅保留行业分类在13～43（不含38）的制造业企业，删除煤炭开采和洗选业、石油和天然气开采业，以及电力、热力、燃气、水的生产和供应业等行业的企业样本。因数据不全，西藏的企业样本也予以删除。删除出口交货值缺失和无出口的企业样本，再根据出口交货值指标对样本进行1%的双边缩尾处理。

第二步，汇总各省份分年分行业（四分位）出口额，按照式（5-2）分年测算分行业（四分位）的出口技术复杂度水平。此时，式（5-2）中的下标 c 代表各省份，下标 i 代表四分位细分行业，$\ln Y_c$ 为各省份人均GDP的对数值。式（5-2）省略了标记时间维度的下标。各年的分省份 Y_c 均以2003年不变价格度量，不变价 Y_c 根据各省份GDP名义值序列和指数值序列计算生成。

第三步，根据式（5-3）分年测算各省份本土企业出口质量。此时，式（5-3）中的 PRODY_i 为第二步测算的相应年份的 i 行业（四分位）的出口技术复杂度水平，X_{ci} 为相应年份 c 省份本土企业 i 行业的出口额。测算的结果列于表5-2，同时也测算了外商投资企业的出口质量，结果列于表5-3。

① “中国工业企业数据库”是针对我国企业的最大企业级微观数据库，该数据库提供了企业所属国民经济行业分类（四分位）信息，因此可以汇总获得测算出口质量所需要的所有省份分行业（四分位）出口的基础数据。该数据库“规模以上”的口径是指企业主营业务收入（销售额）在500万元及以上，2011年被修正为2000万元及以上。另外，国家标准《国民经济行业分类》于1984年首次发布，分别于1994年、2002年、2011年、2017年进行了修订，本章样本时间在两次修订之间，因此不需要考虑不同年份间统计口径变化的问题。

需要注意的是，出口额 X 在按照式（5-2）测算分行业的出口技术复杂度时采用的是全部企业的“全口径”出口额，而在按照式（5-3）测算本土企业、外商投资企业的出口质量时，出口额 X 依次分别代表本土企业、外商投资企业的“分类别口径”出口额。在此也按照“全口径”出口额，测算了各省份各年份全部企业的出口质量。“中国工业企业数据库”关于企业的分类区分了港澳台商投资企业和其他外商投资企业，在此将港澳台商投资企业归类为外商直接投资类别，因此外商投资企业包括港澳台商投资和其他外商投资的合资经营企业、合作经营企业、独资企业、股份有限公司。在全部企业的“全口径”样本中剔除外商投资企业即得到本土企业样本。

Naughton（2007）的研究指出，中国出口尤其是高技术产品出口的优异表现在很大程度上是由外商投资企业及其相关的加工贸易导致的统计现象，以 2005 年为例，我国高技术产品出口的 88%可由此得到解释。根据本土企业样本测算各省份出口质量，已经较好地处理了外商投资企业及其相关的加工贸易因素可能导致的我国出口质量的“虚高”问题，只是在本土企业中也可能有一定比例的加工贸易企业，它们出口产品的技术含量可能与本土一般贸易企业存在差异。虽然“中国工业企业数据库”未提供加工贸易和一般贸易企业的相关信息，但以出口交货值与销售产值的比率定义的出口强度指标能够较好地鉴别两类企业（范剑勇和冯猛，2013）。在本章第四节的稳健性检验时，进一步将本土企业样本中出口强度大于 0.8 的企业样本予以删除，根据式（5-3）重新测算各省份本土企业的出口质量并执行回归检验。另外需要说明的是，“中国工业企业数据库”未提供 2004 年企业出口交货值数据，测算出口质量时所需要的该年所有省份四分位细分行业的“全口径”出口额、本土企业出口额、外商投资企业出口额基础数据为 2003 年和 2005 年相应省份、相应行业（四分位）、相应类别企业出口额的均值。

表 5-2　2003～2009 年各省份本土企业出口质量

省份	2003 年	2004 年	2005 年	2006 年	2007 年	2008 年	2009 年	均值
北京	9.4039	9.5443	9.6946	9.7987	9.9270	10.0141	10.1157	9.7855
天津	9.4324	9.5171	9.6365	9.7096	9.8081	9.8478	10.0086	9.7086

续表

省份	2003 年	2004 年	2005 年	2006 年	2007 年	2008 年	2009 年	均值
河北	9.2519	9.3593	9.4705	9.5883	9.6883	9.7960	9.9140	9.5812
山西	9.0849	9.2072	9.3188	9.4134	9.5577	9.6281	9.7506	9.4230
内蒙古	9.0631	9.2064	9.3507	9.4649	9.5986	9.7679	9.9805	9.4903
辽宁	9.3147	9.3758	9.4615	9.5764	9.6949	9.7735	9.9066	9.5862
吉林	9.1206	9.2463	9.3647	9.4709	9.6007	9.6855	9.8760	9.4807
黑龙江	9.2090	9.3039	9.4145	9.5398	9.6855	9.7708	9.9401	9.5519
上海	9.4422	9.5302	9.6370	9.7595	9.8915	9.9872	10.0608	9.7583
江苏	9.3724	9.4579	9.5560	9.6765	9.8072	9.9082	10.0107	9.6841
浙江	9.4815	9.5620	9.6635	9.7848	9.9122	9.9882	10.0953	9.7839
安徽	9.2377	9.3607	9.4696	9.5820	9.6936	9.7841	9.9087	9.5766
福建	9.4278	9.5248	9.6307	9.7466	9.8734	9.9497	10.0449	9.7426
江西	9.0811	9.2125	9.3216	9.4480	9.5682	9.7245	9.7454	9.4430
山东	9.3107	9.4053	9.5107	9.6223	9.7384	9.8218	9.9304	9.6199
河南	9.0970	9.2716	9.3934	9.5197	9.5915	9.7199	9.8318	9.4893
湖北	9.2342	9.3582	9.4635	9.5889	9.7020	9.8071	9.9094	9.5805
湖南	9.0193	9.1411	9.2564	9.3630	9.5104	9.6730	9.7553	9.3884
广东	9.5162	9.6218	9.7422	9.8837	9.9967	10.0847	10.1759	9.8602
广西	8.9973	9.1290	9.2485	9.3472	9.4875	9.6170	9.7292	9.3651
海南	9.1100	9.2444	9.3597	9.4464	9.5988	9.6900	9.8206	9.4671
重庆	9.1247	9.2463	9.3619	9.4558	9.5865	9.7255	9.8661	9.4810
四川	9.1050	9.2253	9.3317	9.4359	9.6077	9.7542	9.8828	9.4775
贵州	8.8375	8.8815	8.9175	9.0358	9.1255	9.1235	9.2076	9.0184
云南	8.8098	8.9375	9.0429	9.1451	9.2403	9.3874	9.4646	9.1468
陕西	9.0731	9.2022	9.3186	9.4308	9.5300	9.7141	9.7009	9.4242
甘肃	8.8520	8.9840	9.0771	9.1384	9.2613	9.5380	9.5952	9.2066

续表

省份	2003 年	2004 年	2005 年	2006 年	2007 年	2008 年	2009 年	均值
青海	8.8903	8.9978	9.1046	9.2193	9.4391	9.5534	9.7505	9.2793
宁夏	8.9096	9.0833	9.2170	9.3062	9.4496	9.5656	9.6310	9.3089
新疆	9.1862	9.2999	9.4019	9.5436	9.6626	9.7563	9.8260	9.5252
均值	9.1665	9.2813	9.3913	9.5014	9.6278	9.7386	9.8478	—

表 5-3 2003～2009 年各省份外商投资企业出口质量

省份	2003 年	2004 年	2005 年	2006 年	2007 年	2008 年	2009 年	均值
北京	9.6523	9.7439	9.8784	9.9944	10.1194	10.1758	10.1868	9.9644
天津	9.5408	9.6531	9.7789	9.9343	10.0361	10.1023	10.1665	9.8874
河北	9.3616	9.4537	9.5511	9.6847	9.7819	9.8535	9.9507	9.6625
山西	9.0600	9.2376	9.3836	9.6029	9.7102	9.7362	9.9408	9.5245
内蒙古	9.2079	9.3507	9.5138	9.6011	9.6912	9.6913	9.9247	9.5687
辽宁	9.4709	9.5354	9.6240	9.7640	9.8998	9.9860	10.0691	9.7642
吉林	9.2388	9.3448	9.4563	9.5995	9.7411	9.8155	9.9262	9.5889
黑龙江	9.3203	9.3861	9.4557	9.5885	9.6704	9.7735	9.9199	9.5878
上海	9.5802	9.6753	9.7963	9.9368	10.0751	10.1551	10.2371	9.9223
江苏	9.5117	9.6436	9.7675	9.8918	10.0228	10.0717	10.1587	9.8668
浙江	9.4891	9.5768	9.6853	9.8228	9.9524	10.0203	10.0995	9.8066
安徽	9.2065	9.3755	9.4973	9.6020	9.7263	9.8147	9.9186	9.5916
福建	9.4994	9.5964	9.7085	9.8258	9.9350	10.0223	10.1058	9.8133
江西	9.2943	9.4688	9.5746	9.6775	9.7960	9.9164	9.9821	9.6728
山东	9.4272	9.5129	9.6164	9.7456	9.8640	9.9453	10.0171	9.7326
河南	9.1803	9.2858	9.3959	9.5160	9.5983	9.7167	9.8828	9.5108
湖北	9.4071	9.5106	9.6233	9.7366	9.8668	9.9308	10.0309	9.7294
湖南	9.1939	9.3096	9.4315	9.5632	9.6860	9.7951	9.8112	9.5415
广东	9.5651	9.6679	9.7863	9.9131	10.0409	10.1172	10.1995	9.8986

续表

省份	2003 年	2004 年	2005 年	2006 年	2007 年	2008 年	2009 年	均值
广西	9.1464	9.2888	9.3964	9.4611	9.6594	9.7459	9.9199	9.5168
海南	9.3814	9.4396	9.4997	9.5592	9.6755	9.7592	9.8552	9.5957
重庆	9.1373	9.2707	9.3917	9.5577	9.7163	9.8175	9.8637	9.5364
四川	9.2565	9.3465	9.4161	9.5883	9.7500	9.8541	9.9412	9.5932
贵州	9.3303	9.4470	9.5362	9.3864	9.4097	9.4382	9.7209	9.4670
云南	8.9799	9.1080	9.2047	9.4228	9.4648	9.6417	9.7359	9.3654
陕西	9.1507	9.2097	9.2854	9.4000	9.5201	9.6804	9.6652	9.4159
甘肃	8.8146	9.0833	9.2271	9.6894	9.6379	9.7539	9.9015	9.4440
青海	8.9082	9.2043	9.3971	9.4745	9.4766	9.5283	9.5800	9.3670
宁夏	9.0691	9.1658	9.2537	9.3455	9.5021	9.6077	9.7268	9.3815
新疆	9.2283	9.3669	9.4837	9.5401	9.6522	9.7600	9.8743	9.5579
均值	9.2870	9.4086	9.5206	9.6475	9.7559	9.8409	9.9438	—

根据测算结果，从绝对数值看，2003～2009 年本土企业出口质量在不断提升，各省份本土企业出口质量均值从 9.1665 上升到了 9.8478①，但本土企业出口质量普遍低于外商投资企业出口质量。表 5-2 和表 5-3 的本土企业、外商投资企业出口质量分别包含 210 个观测值，按照省份年份对应后，本土企业出口质量低于外商投资企业出口质量的样本为 191 个，本土企业出口质量高于外商投资企业出口质量的样本仅 19 个。将各省份的外商投资企业、本土企业出口质量在 2003～2009 年分别平均后进行比较，除陕西外，各省份本土企业出口质量均低于外商投资企业出口质量。从时间趋势

① 从表 5-2 和表 5-3 测算结果的具体数值来看，2003～2009 年我国企业（包括本土企业和外商投资企业）出口质量在不断提升，不过严格意义上推断我国企业出口质量在全球的相对位次变化，尚需要考察在此期间全球各国出口质量提升幅度的相对大小，但这已经超出了本章的研究范围。樊纲等（2006）、杜修立和王维国（2007）、姚洋和章林峰（2008）采用跨国贸易细分数据考察了我国出口技术复杂度及其在国际分工中的相对位次。他们的跨国比较研究均支持考察期间我国出口技术复杂度不断提升的测算结果，但提升的幅度没有 Rodrik（2006）的测算结果那么大。

看，本土企业出口质量与外商投资企业出口质量的差距先扩大后缩小。根据表 5-2 和表 5-3，2003～2009 年本土企业出口质量分别低于外商投资企业出口质量 1.30 个、1.35 个、1.36 个、1.51 个、1.31 个、1.04 个、0.97 个百分点，差距在 2006 年达到最大然后不断缩小；两者在 2009 年的差距已经小于 2003 年，反映了本土企业出口质量的追赶趋势。

图 5-1 绘制的 2003 年和 2009 年各省份出口质量的核密度估计图直观呈现了本土企业出口质量的发展态势。2009 年的本土企业出口质量核密度曲线相对 2003 年明显向右移动，反映了出口技术水平的绝对增长。同一年份本土企业的曲线位于外商投资企业曲线的左边，显示本土企业出口质量低于外商投资企业出口质量，但同一年份水平方向上两条曲线越来越接近，表明差距随时间的推移在缩小，本土企业出口质量呈现出追赶外商投资企业出口质量的态势。这一结论与姚洋和章林峰（2008）等的研究结论一致。姚洋和章林峰（2008）的研究发现，我国本土企业的技术进步在整体层面虽然没有 Rodrik（2006）的测算结果那么乐观，但保持了出口技术水平的绝对增长和对外商投资企业的相对追赶，在产业内跨国分工加剧的背景下，本土企业的竞争优势在循序上升。另外，图 5-1 还显示，随着时间的推移，本土企业和外商投资企业的曲线均变得越来越陡峭，各省份间出口质量的差距呈现出一定程度的收敛趋势。

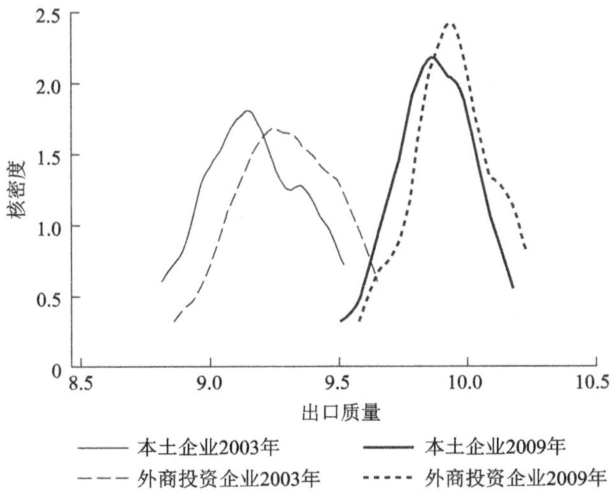

图 5-1　2003 年和 2009 年各省份本土企业、外商投资企业出口质量的核密度估计图

第四节 实证检验

一、基准模型估计

为了检验外商直接投资、对外直接投资如何影响本土企业出口质量，基于第二节的理论分析，结合已有相关理论和经验研究文献，将回归的基准模型设定为

$$\begin{aligned}\mathrm{SOPH}_{it} = \alpha + \beta_1 \ln\mathrm{INFRA}_{it} + \beta_2 \ln K_{it} + \beta_3 \ln H_{it} + \beta_4 \ln\mathrm{RD}_{it} \\ + \beta_5 \mathrm{FDI}_{it} + \beta_6 \mathrm{OFDI}_{it} + \beta_7 \mathrm{EX}_{it} + \mu_i + \varepsilon_{it}\end{aligned} \quad (5\text{-}4)$$

式中，下标 i、t 分别代表省份和时间；前缀 ln 表示对变量取自然对数；μ 为个体固定效应；ε 为随机扰动项；α、$\beta_1 \sim \beta_7$ 为模型待估参数；被解释变量 SOPH 为测算的以出口技术复杂度定义的本土企业出口质量，解释变量主要包括基础设施（lnINFRA）、物质资本（$\ln K$）、人力资本（$\ln H$）、研发水平（lnRD）、外商直接投资（FDI）、对外直接投资（OFDI）、出口（EX）。基础设施的完善能够提高贸易的深度和广度，对于高复杂度产品的出口具有显著的促进作用（王永进等，2010），采用各省份每平方千米所拥有的铁路、水路、公路里程数度量。物质资本、人力资本、研发水平是相关实证文献通常会控制的解释变量，分别采用各省份人均固定资产投资、6 岁及以上人口平均受教育年限、亿元 GDP 专利授予数度量[①]。外商直接投资、对外直接投资、出口分别采用各省份的外商直接投资、对外直接投资、出口的 GDP 占比度量。相关原始数据根据历年《中国统计年鉴》、《中国人口统计年鉴》（2007 年更名为《中国人口和就业统计年鉴》）、《中国对外直接投资统计公报》等汇总整理。

① 固定资产投资和 GDP 数据分别采用分省份的固定资产投资价格指数、GDP 平减指数进行调整（2003 年为基期）。计算人力资本时，小学受教育年限计 6 年，初中计 9 年，高中计 12 年，大专及以上计 16 年。

式（5-4）的面板数据结构在一定程度上能够缓解多重共线性问题，但本章最终回归的样本数量并不大，因此多重共线性问题必须予以重视。在选择解释变量及其度量指标时充分参照已有相关理论和经验研究文献，避免遗漏重要解释变量，同时尽可能地避免出现严重的多重共线性问题，第四节第二小节还通过改变变量的度量等方式进行了多方面的稳健性检验。基准回归采用的省际面板数据截面单位较多而时间维度较短，地区间的差异主要体现在不同省份之间，故采用固定效应模型[回归结果显示了豪斯曼（Hausman）检验的 χ^2 统计量及 P 值]。回归时，所有解释变量滞后一期以缓解可能存在的内生性问题。

基准模型回归结果列于表 5-4。模型（1）为全样本回归；考虑到直辖市在行政管理体制等方面与其他省份的差异可能影响估计结果，模型（2）剔除了北京、上海、天津、重庆 4 个直辖市；由于广东企业的出口倾向明显高于其他省份[①]，模型（3）进一步剔除了广东样本。综合 3 个模型的结果，基础设施、物质资本、人力资本 3 个解释变量在各模型中都显著为正，与大多数实证文献结论一致。出口变量对于出口质量的促进作用不稳定，在模型（1）和模型（3）中分别在 1%、10%水平显著，在模型（2）中不显著。研发水平在 3 个模型中都不显著，这可能与研发领域市场机制不完善导致的资源配置扭曲和使用效率低下有关，这一结论与邱斌等（2012）、施炳展和邵文波（2014）、蒲红霞（2015）等的实证结果一致[②]。

表 5-4 基准模型估计结果一（被解释变量：SOPH）

项目	模型（1）全样本	模型（2）剔除直辖市	模型（3）剔除直辖市和广东
lnINFRA	0.074** （0.032）	0.088** （0.034）	0.084** （0.035）
ln$K$	0.429*** （0.029）	0.411*** （0.029）	0.415*** （0.030）

① 以 2009 年为例，在经过数据整理后的全国出口企业样本中，广东出口企业占比为 23.88%，这些企业的出口总额占全部企业出口总额的比重为 28.09%。

② 施炳展和邵文波（2014）、蒲红霞（2015）的研究甚至发现了研发变量负向影响出口质量的证据。

续表

项目	模型（1）全样本	模型（2） 剔除直辖市	模型（3） 剔除直辖市和广东
ln$H$	0.997*** （0.250）	0.768*** （0.258）	0.699*** （0.263）
lnRD	0.019 （0.036）	0.005 （0.039）	0.010 （0.040）
FDI	−0.019** （0.008）	−0.024*** （0.009）	−0.020** （0.010）
OFDI	0.127* （0.068）	0.248*** （0.079）	0.228*** （0.081）
EX	0.005*** （0.002）	0.003 （0.002）	0.004* （0.002）
_cons	6.689*** （0.528）	7.305*** （0.548）	7.420*** （0.555）
χ^2	65.59	51.49	44.43
P 值	0.00	0.00	0.00
N	30×6	26×6	25×6

注：括号中数值为标准误；_cons 为常数项；N 为观测值；***、**、*分别表示在 1%、5%、10%水平显著；回归时所有解释变量均滞后了一阶，下同

外商直接投资和对外直接投资是重点关注的解释变量。前者在 3 个模型中分别在 5%、1%、5%水平显著为负，后者分别在 10%、1%、1%水平显著为正。模型估计结果初步印证了本章的待检验假说：外商直接投资抑制而对外直接投资促进本土企业出口质量的提升。

进一步地，根据表 5-2 和表 5-3 最后一列数据，可以按省份将整个样本分为本土企业出口质量与外商投资企业出口质量差距较小和差距较大两组，进而考察两种不同情形下外商直接投资影响本土企业出口质量的差异。实际回归时，为避免分组可能导致的样本观测值过少问题，借鉴面板门槛模型的思路设置两个新的变量 FDI1、FDI2 代替 FDI 进入模型。FDI1、FDI2 定义如下：

$$\mathrm{FDI1}=\begin{cases}\mathrm{FDI} & \text{当样本属于差距较小组}\\ 0 & \text{当样本属于差距较大组}\end{cases} \tag{5-5}$$

$$\mathrm{FDI2}=\begin{cases}\mathrm{FDI} & \text{当样本属于差距较大组}\\ 0 & \text{当样本属于差距较小组}\end{cases} \tag{5-6}$$

按照新的变量设置重新回归表 5-4 的各模型，结果列于表 5-5。比较表 5-5 和表 5-4 的估计结果，基础设施、物质资本、人力资本、出口、研发水平等变量的系数大小和显著性水平基本没有变化，对外直接投资变量在剔除直辖市以及直辖市和广东后的模型（5）和模型（6）中显著为正。根据表 5-5 的估计结果，新设置的变量 FDI1 在模型（4）～模型（6）中均在 1%水平显著为负，而 FDI2 变量系数为正但不显著。该估计结果表明，外商直接投资负向影响本土企业出口质量的原因可能在于当本土企业出口质量不断接近甚至赶超（差距较小）外商投资企业出口质量时，外商直接投资显著抑制本土企业出口质量。改革开放期间，尤其是 20 世纪 90 年代以来外商投资企业的大量引入，吸纳了众多本土企业参与价值链的低技术、低创新、劳动密集型的生产制造与组装环节，客观上帮助了我国本土企业快速融入全球分工和贸易体系。然而，这种模式下，外商投资企业主导着价值链分工位次，虽然允许本土企业的竞争优势沿价值链循序渐进，但不能挑战其 “链主”地位，这一逻辑或许正是外商直接投资在塑造本土企业技术进步和出口质量提升路径时，呈现出与对外直接投资不同图景的一个恰当诠释。

表 5-5 基准模型估计结果二（被解释变量：SOPH）

项目	模型（4） 全样本	模型（5） 剔除直辖市	模型（6） 剔除直辖市和广东
lnINFRA	0.079^{**} （0.031）	0.082^{**} （0.032）	0.081^{**} （0.032）
ln*K*	0.441^{***} （0.028）	0.434^{***} （0.028）	0.437^{***} （0.028）
ln*H*	0.878^{***} （0.242）	0.666^{***} （0.244）	0.614^{**} （0.246）

续表

项目	模型（4） 全样本	模型（5） 剔除直辖市	模型（6） 剔除直辖市和广东
lnRD	0.011 （0.035）	0.004 （0.037）	−0.005 （0.037）
FDI1	−0.051*** （0.012）	−0.059*** （0.012）	−0.073*** （0.015）
FDI2	0.006 （0.010）	0.007 （0.011）	0.010 （0.011）
OFDI	0.104 （0.065）	0.197** （0.075）	0.188** （0.076）
EX	0.006*** （0.002）	0.005** （0.002）	0.006*** （0.002）
_cons	6.888*** （0.510）	7.448*** （0.516）	7.537*** （0.518）
χ^2	84.91	29.66	30.76
P 值	0.00	0.00	0.00
N	30×6	26×6	25×6

二、稳健性检验

针对上述基准回归结果，本节执行了多方面的稳健性检验：①改变原始数据 1%的缩尾方式。对原始企业级样本数据，根据出口交货值在 0%、2.5%、5%等不同分位点进行双边缩尾处理，进而汇总相应类别（全部企业、本土企业、外商投资企业）的分省份分行业（SIC 四分位）出口额，测算相应类别的企业出口质量并回归。稳健性检验也尝试了在不同分位点对样本进行双边截尾处理[①]。②改变样本周期。因数据缺失，第四节第一小节实证

① 在此也进一步考虑了国有企业和加工贸易问题。按照本章的分类口径，国有企业出口占全部出口的比例较小（表 5-1），在本土企业样本中剔除国有企业，重新测算出口质量并执行相关实证检验，最终结果并未改变。另外，剔除外商投资企业后的本土企业样本中也可能有一定比例的加工贸易企业，在此通过出口强度指标调整样本并执行稳健性检验（可参见第三节的说明）。

时 2004 年各类别企业的分省份分行业（四分位）出口额为 2003 年和 2005 年的均值。另外，2008 年和 2009 年我国出口可能受到了国际金融危机的影响和冲击，在此将样本周期分别限定在 2003～2007 年、2005～2009 年、2005～2007 年重新回归。③改变变量的度量。例如，对被解释变量出口质量进行标准化处理，并采用其他指标度量基础设施、物质资本、人力资本、研发水平等变量后再回归。所有这些稳健性检验结果与第四节第一小节的实证结论均没有实质性差异。

需要特别指出的是，虽然模型（1）～模型（6）在回归时均将解释变量滞后了一阶，但并不能完全缓解遗漏重要解释变量和联立性内生等问题的困扰，下面进一步执行 4 变量系统 $[\text{FDI, OFDI, EX, SOPH}]'$ 和 5 变量系统 $[\text{FDI1, FDI2, OFDI, EX, SOPH}]'$ 的面板向量自回归模型的稳健性检验。面板向量自回归方法继承了向量自回归模型可将系统中所有变量均视为内生变量，并能够考察变量受到相关冲击时的动态反应等优点，又综合了面板数据结构能够控制不可观测的个体效应和时间效应等优点，只要截面的时间维度≥L+3（L 为滞后长度），便可在稳态下估计模型的参数。将面板向量自回归模型设置为

$$Y_{it}=\alpha+\sum_{j=1}^{p}\beta_i Y_{i,\ t-j}+\mu_i+\gamma_t+\varepsilon_{it} \tag{5-7}$$

式中，p 为滞后阶数；μ_i、γ_t 分别控制各截面的异质性和各截面可能受到的共同时间冲击；ε_{it} 为随机扰动项；α、β_i 为待估参数。Y_{it} 为包含多个变量的向量，分别令 $Y_{it}=[\text{FDI, OFDI, EX, SOPH}]'$、$Y_{it}=[\text{FDI1, FDI2, OFDI, EX, SOPH}]'$，估计两个面板向量自回归模型。估计模型前，先检验进入模型各变量的平稳性。采用 LLC（Levin，Lin，Chu）检验（相同根假设）和 Fisher-PP（Fisher Phillips-Perron）检验（不同根假设）两种方法检验 FDI、FDI1、FDI2、OFDI、EX、SOPH 变量的平稳性。如表 5-6 所示，在样本考察期间，上述各变量均为平稳变量。因此，可以分别令 Y_{it} 等于 $[\text{FDI, OFDI, EX, SOPH}]'$ 和 $[\text{FDI1, FDI2, OFDI, EX, SOPH}]'$，估计式（5-7）的面板向量自回归模型。

表 5-6 面板单位根检验结果

变量	LLC 检验统计量	P 值	Fisher-PP 检验统计量	P 值
FDI	−10.252	0.000	118.028	0.000
FDI1	−13.539	0.000	125.076	0.000
FDI2	−9.370	0.000	203.383	0.000
OFDI	−6.014	0.036	81.377	0.035
EX	−16.974	0.000	103.962	0.000
SOPH	−8.471	0.000	86.499	0.014

注：LLC 检验和 Fisher-PP 检验的零假设是面板中所有截面对应的序列均为 I（1）非平稳过程，前者假设各截面序列具有相同的单位根过程，后者则允许各截面具有不同的单位根过程

式（5-7）面板向量自回归模型的解释变量既包含被解释变量 Y_{it} 的滞后项，又包含不随时间改变的截面个体效果 μ_i 和不随个体改变的时间效果 γ_t，所以是一个包含双向固定效应的动态面板数据模型。估计式（5-7）需要先消除个体效应 μ_i 和时间效应 γ_t 。时间效应 γ_t 采用组内均值差分法（within-group mean difference）消除。在式（5-7）的模型结构下，个体效应 μ_i 与模型解释变量相关，采用通常的一阶差分（first-order difference）或组内均值差分方法会导致估计偏误。按照 Arellano 和 Bover（1995）的建议，此时可采用 Helmert 方法，即通过前向均值差分保证滞后变量与转换后变量正交并与误差项无关，进而可以使用滞后变量作为工具变量执行广义矩估计获得参数的一致估计量。按照上述处理，在不同滞后阶数下分别估计 4 变量系统 $[\text{FDI, OFDI, EX, SOPH}]'$ 和 5 变量系统 $[\text{FDI1, FDI2, OFDI, EX, SOPH}]'$ 的面板向量自回归模型，AIC、BIC、HQIC①准则一致推荐两个模型的最佳滞后阶数均为 1 阶（表 5-7 和表 5-8）。

表 5-7 面板向量自回归滞后阶数检验结果（4 变量系统）

滞后阶数	AIC	BIC	HQIC
1	2.186*	4.916*	3.295*
2	3.675	7.205	5.108
3	4.479	9.146	6.361

*表示对应的信息准则所推荐的模型最优滞后阶数，下同

① AIC：Akaike information criterion，赤池信息准则；BIC：Bayesian information criterion，贝叶斯信息准则；HQIC：Hannan-Quinn information criterion，汉南-奎因信息准则。

表 5-8 面板向量自回归滞后阶数检验结果（5 变量系统）

滞后阶数	AIC	BIC	HQIC
1	2.760*	6.272*	4.187*
2	4.158	8.804	6.045
3	5.625	11.874	8.145

采用 1 阶滞后，运用广义矩估计方法首先对 FDI、OFDI、EX、SOPH 4 个变量构成的面板向量自回归模型进行估计，结果列于表 5-9。在面板向量自回归模型的 SOPH 方程中，FDI 变量系数显著为负而 OFDI 变量系数显著为正。表 5-10 列出了 FDI1、FDI2、OFDI、EX、SOPH 5 个变量系统的面板向量自回归估计结果，在 SOPH 方程中，FDI1 显著为负，FDI2 不显著，OFDI 显著为正。外商直接投资、对外直接投资出口质量效应的估计结果与表 5-4、表 5-5 基准回归一、基准回归二的结果一致。

表 5-9 4 变量系统的面板向量自回归估计结果

项目	FDI 方程	OFDI 方程	EX 方程	SOPH 方程
L.FDI	0.621*** （0.135）	−0.007 （0.013）	1.152** （0.509）	−0.013** （0.006）
L.OFDI	0.616 （0.513）	0.339 （0.234）	−5.075 （4.116）	0.188*** （0.072）
L.EX	−0.005 （0.019）	0.000 （0.004）	1.059*** （0.143）	0.003*** （0.001）
L.SOPH	−0.229 （0.186）	0.092 （0.070）	0.776 （1.084）	0.690*** （0.022）

注：①采用前向均值差分法消除个体效应，组内均值差分法消除时间效应；②AIC、BIC、HQIC 准则推荐模型滞后阶数为 1；③括号中数值为标准误，***、**、*分别表示在 1%、5%、10%水平显著；下同

表 5-10 5 变量系统的面板向量自回归估计结果

项目	FDI1 方程	FDI2 方程	OFDI 方程	EX 方程	SOPH 方程
L.FDI1	0.744*** （0.152）	−0.024 （0.025）	0.007 （0.020）	0.766 （0.605）	−0.015** （0.006）
L.FDI2	0.023 （0.057）	0.519*** （0.185）	−0.018 （0.017）	1.463* （0.849）	−0.012 （0.009）

续表

项目	FDI1 方程	FDI2 方程	OFDI 方程	EX 方程	SOPH 方程
L.OFDI	0.463 （0.490）	0.208 （0.231）	0.347 （0.232）	−5.287 （4.180）	0.187*** （0.071）
L.EX	−0.014 （0.011）	0.001 （0.009）	−0.001 （0.004）	1.088*** （0.159）	0.003** （0.001）
L.SOPH	−0.193 （0.158）	−0.093 （0.087）	0.083 （0.068）	1.000 （1.180）	0.691*** （0.022）

为了更直观地展现变量间冲击动态反应的相互影响程度，表 5-11 和表 5-12 分别列出了基于 [FDI, OFDI, EX, SOPH]′ 4 变量系统和 [FDI1, FDI2, OFDI, EX, SOPH]′ 5 变量系统的出口质量（SOPH）的 1～6 期的预测方差分解结果。方差分解的结果表明（以表 5-11 为例），出口质量具有较强的惯性或稳定性，其变动由其自身解释的比例在第 1 期超过 90%，然后衰减，到第 6 期仍然接近 50%。出口变量的解释力在第 1 期不到 1%，然后不断增强，到第 6 期达到 35%。外商直接投资、对外直接投资的解释力均先上升后下降，分别在第 4 期、第 3 期达到最大。综合来看，对外直接投资的解释力明显大于外商直接投资，前者最大时超过 20%，后者则不超过 3%。

表 5-11　SOPH 的预测方差分解（基于 4 变量系统估计结果）

期数	FDI	OFDI	EX	SOPH
1	0.002	0.035	0.005	0.958
2	0.013	0.173	0.020	0.795
3	0.023	0.210	0.070	0.698
4	0.025	0.202	0.150	0.623
5	0.022	0.178	0.249	0.551
6	0.019	0.151	0.352	0.478

注：基于 4 变量系统 [FDI, OFDI, EX, SOPH]′ 的面板向量自回归估计结果（蒙特・卡洛模拟 500 次）

表 5-12 SOPH 的预测方差分解（基于 5 变量系统估计结果）

期数	FDI1	FDI2	OFDI	EX	SOPH
1	0.000	0.005	0.034	0.004	0.957
2	0.014	0.004	0.166	0.023	0.793
3	0.026	0.005	0.197	0.081	0.691
4	0.033	0.004	0.183	0.172	0.608
5	0.033	0.004	0.155	0.284	0.524
6	0.030	0.008	0.126	0.397	0.438

注：基于 5 变量系统 [FDI1, FDI2, OFDI, EX, SOPH]′ 的面板向量自回归估计结果（蒙特·卡洛模拟 500 次）

综合面板向量自回归模型的实证结果可知，外商直接投资负向而对外直接投资正向影响本土企业出口质量；前者在本土企业出口质量、外商投资企业出口质量差距较小时呈现显著的抑制效应。表 5-9～表 5-12 的结果还显示，对外直接投资的估计参数（绝对值）比外商直接投资大了一个数量级，相对而言，对外直接投资对本土企业出口质量的影响力比外商直接投资更大，这也与表 5-4、表 5-5 的基准模型的回归结果相一致。

第五节 本 章 小 结

随着发展阶段的变化，尤其是在经济步入新常态、“一带一路”倡议提出等背景下，中国的目光和诉求逐渐由出口数量转向出口质量，由外商直接投资转向对外直接投资。本章基于“中国工业企业数据库”的企业出口交货值微观数据，测算以出口技术复杂度度量的分省份出口质量，发现各省份本土企业出口质量普遍低于外商投资企业出口质量，但本土企业出口质量不断提升并呈现出对外商投资企业的追赶态势。后续一系列逻辑一致的面板计量分析揭示，外商直接投资抑制而对外直接投资促进本土企业出口质量的提升。与“以我为主、为我所用”的对外直接投资相比，在外商直接投资模式下，本土企业“被动参与、被动融入”由外商主导的全球分工价值链，当本土企业出口质量接近甚至赶超外商投资企业出口质量时，外商直接投资对本土企业出口质量呈现出显著的抑制效应。改变实证分析的模型、变量、指标、数据设置，这一结论是稳健的。

本章的研究具有重要的现实价值和启示意义。第一，在改革开放初期，我国积极推动出口贸易以获取国内紧缺的消费品、资本品及先进技术，随着改革开放的推进，特别是 20 世纪 90 年代以来，我国企业走出一条“低端嵌入”全球产业链的“血拼式”发展道路（戴翔和金碚，2014），时至今日，我国货物出口和外汇储备均位居世界第一，出口贸易发展已进入提档升级的关键转型期。如何突破出口产品技术含量和附加值瓶颈，提高出口技术复杂度和产品质量，谋求我国企业在全球分工体系中的新地位和话语权，已成为理论和实践部门急需破解的重要课题。第二，我国在引进外商直接投资方面取得了令人瞩目的成就。外商直接投资的大量引入，推动了出口的增长，也在一定程度上促进了我国的技术进步，但随着经济进入新的发展阶段，引进外商直接投资的边际收益可能已迅速递减，而且过度依赖外商直接投资技术，可能会损害国内的自主创新能力。发达国家既希望利用发展中国家的低成本优势获取尽可能多的价值链分工利益，又提防发展中国家企业成长为自主创新能力和向价值链高端攀升能力强大的竞争对手，当两者利益发生冲突时，前者倾向于利用种种手段封锁和压制后者，让后者陷入“代工—出口—微利化—自主创新能力缺失”的非意愿恶性循环（刘志彪和张杰，2009），本章的研究为新发展阶段重新审视和评估外商直接投资的外溢效应提供了新的经验证据。第三，我国对外直接投资已进入关键成长期（乔晶和胡兵，2014），需要在全球价值链视角下，统筹外商直接投资、对外直接投资等相关开放政策，积极参与国际性多边投资规则的讨论和制定，在推动全球价值链重塑进程中积极发挥对外直接投资的出口质量效应，不断提升中国本土企业在全球价值链阶梯中的位次，推动本土企业的出口产品质量升级。

本章的研究尚存在不足和进一步探索的空间，主要表现在：①加工贸易问题。由于外商投资企业与加工贸易企业有着较大的重叠，根据剔除了外商投资企业后的样本测算本土企业出口质量时已经剔除了这部分加工贸易企业，而且在进行稳健性分析时，通过出口强度指标对此问题进行了进一步的控制。但是，考虑到加工贸易企业和非加工贸易企业的出口质量也许存在不同的演化路径，今后的研究可以考虑结合其他数据来源对这两类企业加以明确区分。②囿于数据的限制，本章实证分析时只验证了综合现有相关理论和文献得到的待检验假说，未就外商直接投资、对外直接投资影响本土企业出口质量的作用机制，以及不同类型投资的出口质量效应的差异做更多的深入检验。③本章测算了分省份的出口企业质量，如果能够结合其他数据来源将其拓展到市级（县级）或者企业层面，进而考察本土企业出口质量的影响因素，应当能够得到更多有价值的结论。

第六章　对外直接投资先行国家的经验和启示

第三章的相关分析表明，我国对外直接投资已进入关键成长期，在可预计的未来还将以较快的速度增长；第四章和第五章的相关分析表明，对外直接投资能够促进我国出口数量的增长和出口质量的提升。本章着重分析对外直接投资先行国家的实践和经验，并探讨其对我国企业对外直接投资的启示。回顾全球企业对外直接投资的历史，美国公司起步较早且一直占据重要位置，日本企业起步比美国晚，但规模扩展迅速，这两个国家的企业国际化及政府政策对于后发国家具有较大的启示意义（赵伟，2007），本章的分析和探讨以这两个国家为例。

第一节　美国对外直接投资的实践和经验①

美国对外直接投资历史较长，当前的投资流量和存量均世界最多，其国情虽与我国存在差别，但总结其对外直接投资的实践和经验，包括国家对境外投资企业各方面的政策支持，可为我国提供参照和启示。

① 本节美国的对外直接投资数据主要来源于联合国贸易和发展会议数据库、*World Investment Report*（历年）、美国商务部数据库等。

一、美国对外直接投资的实践

美国是进行对外直接投资较早的国家之一，其对外直接投资的发展历程大致经历了 4 个阶段：①第一次世界大战前对外直接投资的初级发展阶段；②第一次世界大战到第二次世界大战对外直接投资的渐进发展阶段；③第二次世界大战后到 20 世纪 80 年代末对外直接投资的快速发展阶段；④20 世纪 90 年代至今对外直接投资的稳定发展阶段（陈继勇，1996；邹全胜，2005；杨长湧，2011）。

（一）初级发展阶段

第一次世界大战前，美国对外直接投资处于初级发展阶段，投资规模处于较低水平，1897 年对外直接投资存量为 6 亿美元，1914 年增长到 26 亿美元。该阶段美国对外直接投资的主要特征如下：①就近投资。美国对外直接投资大多数流向与其毗邻的加拿大和拉丁美洲，截至 1914 年，两者占美国对外直接投资存量的比重超过 70%。②投资行业主要集中在采矿业和制造业。采矿业为 7.20 亿美元，占比为 27.36%；其次是制造业，为 4.78 亿美元，占比为 18.16%。其中，铁路和公共工程为 3.88 亿美元，占比为 14.74%；石油为 3.43 美元，占比为 13.03%。

（二）渐进发展阶段

第一次世界大战到第二次世界大战，美国对外直接投资进一步发展，对外直接投资存量由 1914 年的 26 亿美元增长到 1945 年的 84 亿美元，位居世界首位。该阶段美国对外直接投资的主要特征如下：①投资规模逐步扩大。1914～1945 年，美国对外直接投资年均增长 7.07%。②投资区域逐渐拓展。美国对外直接投资从拉丁美洲、加拿大向欧洲等地区拓展，对加拿大的对外直接投资保持了较高的增长，拉丁美洲地区占比有所下降。③投资行业由采矿业逐渐转向制造业。该阶段美国制造业的对外直接投资增长迅速，交通通信、公共工程的投资增长较快，采矿业的投资增长放缓。

（三）快速发展阶段

第二次世界大战后，美国的资本积累日益雄厚，加上科技革命的推动，美国对外直接投资进入快速发展阶段。该阶段的主要特征如下：①增长率大于第二次世界大战前，对外直接投资规模日益上升。1945～1989 年，美国对外直接投资流量年均增长率为 100.11%，投资存量由 1945 年的 84 亿美元增长到 1989 年的 3784 亿美元。②区域分布以对发达国家投资为主。这一时期打破了原有的发达国家与发展中国家投资额几乎相同的格局，1989 年美国对外直接投资总额中发达国家占比约为 75%，发展中国家占比约为 25%。③对外直接投资行业以制造业为主。1989 年制造业投资占比为 41.7%，采矿业和石油业的占比下降到 15.5%。④资金来源以海外子公司的利润再投资为主。此前，美国对外直接投资资金来源中海外子公司的利润再投资处于辅助地位，1970 年后，海外子公司的利润再投资增长迅速，逐渐成为美国对外直接投资的主要资金来源，1989 年海外子公司的利润再投资占当年美国对外直接投资的比重为 56%（邹全胜，2005）。

（四）稳定发展阶段

20 世纪 90 年代后，美国对外直接投资进入稳定增长阶段。该阶段的主要特征如下：①总体规模水平高，发展速度较快。1990～2015 年，美国对外直接投资规模一直位居世界首位，投资流量年均增长率为 41%。②投资行业不断向新兴行业拓展。除了对传统的采矿业、石油业、制造业进行投资，还向公共事业、批发贸易、信息产业、金融保险、服务和技术产业等行业不断拓展。

二、美国对外直接投资的经验

上面梳理了美国对外直接投资的历程和不同阶段的特征，在此总结美国对外直接投资的主要经验。

（一）对外直接投资发展有其阶段性

美国对外直接投资的发展大致分为四个不同阶段，每一阶段对外直接投资的增速和规模、投资区域和行业，是与美国当时的经济发展阶段和整体实力、对外战略，以及全球的基本格局相适应的（杨长湧，2011）。从对外直接投资的增速和规模来看，大致经历了初级发展、渐进发展、快速发展及稳定发展几个阶段。从对外直接投资的区域分布来看，从最初的就近投资，到向其他区域拓展，再到以对发达国家投资为主。从对外直接投资的行业来看，从以采矿业为主，逐渐转向以制造业为主，再不断向新兴行业拓展。

（二）国家战略的推动

在发展的不同阶段，美国的相关国家战略推动了企业的对外直接投资。第二次世界大战后，美国实施了马歇尔计划，并向日本提供大量贷款，带动了企业对欧洲和日本的对外直接投资。20 世纪 80 年代，在经济趋于不景气的背景下，美国调整其对外直接投资战略，将投资区域从全球范围向美加墨自由贸易区、欧洲共同体和日本等区域收缩（敦忆岚，2014）。2008 年金融危机之后，美国加快推动“跨太平洋伙伴关系协定”和“跨大西洋贸易与投资伙伴协定”谈判，旨在促进跨国贸易投资的发展。特朗普执政后，美国的战略趋向出现新的变化，但不论如何变化，不能否认的是，美国的相关国家战略推动了美国公司的对外直接投资，而在对外直接投资中不断成长的美国跨国公司是美国成为世界第一经济强国的重要支撑。美国常常通过主导签订各类多边、双边贸易投资协定，保护美国投资者境外投资的利益。另外，美国还常常通过对外援助影响或要求受援国对美国投资者提供便利和支持。

（三）对外直接投资的相关法律体系建设

美国适时制定对外直接投资的相关法律，并在实施过程中根据国内外经济态势和企业对外直接投资状况的变化不断对其修改完善。美国从 20 世纪 40 年代便陆续制定了《对外援助法》（*Foreign Assistance Act*）、《经济合作法》(*Economic Cooperation Act*)、《共同安全法》(*Mutual Security Act*)等一系列规制和保障对外直接投资的法律(敦忆岚,2014),并及时修订完善。在国际法律保障方面,美国与其他国家签订了大量多边或双边协定,如《美英贸易和金融协定》(*US-UK Trade and Financial Agreement*)等。美国还通过《反垄断法》(*Antimonopoly Law*)等法律限制国内产业过度集中,引导和激励企业开展对外直接投资(张敬之,2015)。

(四)较为完善的投资促进机构和支持服务政策

美国设立对外直接投资促进管理机构。1971 年开始运营的美国海外私人投资公司是美国政府的独立机构,其存在的主要目的就是推动和保障美国公司的对外直接投资,业务包括为美国公司提供中长期贷款,帮助公司获得风险投资,保障投资者在海外的投资安全。此外,美国政府的另一个独立部门为美国小企业管理局,主要职能是扶持美国小企业的生存及发展,管理和支持小企业进行对外直接投资活动。

美国通过所得税、关税等税收优惠措施支持企业对外直接投资。根据《岁入法》,美国从 20 世纪初就开始对境外投资的美国公司实行减免、抵免、延付、亏损退算和结转的所得税优惠,以及附加价值征税制等关税优惠(敦忆岚,2014)。1954 年进一步明确本国跨国公司境外所得的延迟纳税政策,20 世纪 60～70 年代采用立法的方式,将外国税收抵免制度化和规范化。在关税优惠方面,对于其他国家制造或装配的飞机、内燃机等精密仪器设备,如果在制造或装配过程中使用了美国公司的部件,出口至美国时享受关税优惠政策(敦忆岚,2014)。

美国通过进出口银行、海外私人投资公司、小企业管理局等机构给予对外投资企业以金融支持。作为美国政府的一个独立机构,美国进出口银行旨在促进美国公司的对外直接投资和出口,其开发资源贷款业务主要针对美国公司开发海外资源提供专项贷款;其对外私人直接投资贷款业务主要支持美国公司在国外分支机构的境外业务拓展。美国海外私人投资公司除投资保险的主营业务以外,还通过贷款、补助、分担海外市场开拓费用等方式支持美国公司的对外直接投资,特别是美国中小企业在发展中国家的直接投资。美国小企业管理局虽然一般不直接提供资金或贷款,但通过提供担保支持中小企业的对外直接投资（陈继勇，1996）。

提供企业对外直接投资的相关信息。美国相关行政机关及其特别机构、海外私人投资公司以及驻外使领馆的经济、商业情报中心等机构，为美国公司的对外直接投资提供信息情报支持。例如，美国小企业管理局的计算机电话答询系统全天候处理海外投资企业的信息咨询，并为海外投资企业的业务开发等决策提供专家指导。美国海外私人投资公司定期刊发新闻专题为企业提供海外投资情报和咨询，并协调组织企业到目标投资国家的考察等相关事宜。

（五）企业是投资主体

对外直接投资决策和行动的微观主体是企业，政府的作用只是扶持和推动（杨长湧，2011）。与国内投资相比，对外直接投资面临着更多的不确定性和风险，对企业的资本实力和融资能力、管理水平和应对风险的能力提出了更高要求。另外，对外直接投资是企业国际化的基础（赵伟，2007）。作为先行国家，美国在对外直接投资过程中成长了一大批实力雄厚的跨国公司，这些公司是美国境外投资的主体，也是美国经济强盛的基础和保障。

第二节　日本对外直接投资的实践和经验[①]

日本自第二次世界大战后明确了贸易立国的战略方针，出口规模迅速增加，到 20 世纪 70～80 年代日本对美国等国的贸易顺差逐渐扩大并积累了大量的外汇储备。同期，日本经历了第二次世界大战后的经济快速增长，经济规模成长为世界第二，仅次于美国。日本企业的对外直接投资也从 60 年代的尝试阶段进入 70～80 年代的快速增长阶段、急剧膨胀阶段，其后进入平稳发展阶段、调整恢复阶段。考虑到面临的经济发展阶段特征、外部

① 本节日本的对外直接投资数据主要来源于联合国贸易和发展会议数据库、*World Investment Report*（历年）等。

环境等条件，日本企业对外直接投资的发展历程可为我国提供参照和启示。

一、日本对外直接投资的实践

经过第二次世界大战后经济的恢复，日本于 20 世纪 60 年代开始尝试纺织等行业的对外直接投资，70 年代至今，日本对外直接投资大致经历了快速增长阶段（1971～1980 年）、急剧膨胀阶段（1981～1990 年）、平稳发展阶段（1991～1999 年）、调整恢复阶段（2000 年至今）等几个发展阶段（刘新宇，2016）。

（一）快速增长阶段

经过第二次世界大战后的高储蓄、高投资、高增长、低消费的经济恢复和发展后，日本对外直接投资在 1971～1980 年进入快速增长阶段。该阶段的主要特征如下：①增长速度较快。日本对外直接投资流量从 1971 年的不到 9 亿美元增长到 1980 年的 47 亿美元，年均增长率为 20.16%。②对外直接投资的区域分布主要集中在北美、亚洲、拉丁美洲地区，三者占比超过 70%。③制造业行业投资占比不断增加，超过 30%。

（二）急剧膨胀阶段

20 世纪 80 年代后，在“广场协议”导致日元大幅升值以及国家鼓励企业对外进行产业转移等背景下，日本对外直接投资进入急剧膨胀阶段。该阶段日本对外直接投资的主要特征如下：①对外直接投资总额急剧膨胀。与上一阶段相比，这一阶段在相对较大的规模上保持了较大的增长速度，对外直接投资流量年均增长率为 29.67%；流量从 1981 年的 49 亿美元增长到 1990 年的 508 亿美元（首次超过 500 亿美元），存量从 1981 年的 89 亿美元增长到 1990 年的 569 亿美元。②投资区位发生变化。这一阶段主要投资于北美地区，投资比重为 46%，对亚洲地区的投资比重（14%）有所下降。③投资领域偏向重化工业。1981～1990 年，重化工业的对外直接投资额占日本制造业对外直接投资额的比重超过 40%。

（三）平稳发展阶段

在上一阶段末期，日本实现了对欧美发达国家的赶超，成为世界对外直接投资存量最大的国家。进入 20 世纪 90 年代后，日本的经济泡沫破灭，经济增长趋缓，对外直接投资增速降低，进入平稳发展时期，在这一阶段末期，日本对外直接投资的世界排名已跌出前十。该阶段的主要特征如下：①投资区域主要集中在北美地区，比重超过 42%，对欧洲地区的投资呈逐渐上升趋势，对亚洲地区的投资出现小幅上升，对非洲地区的投资相对较少。②行业结构分布发生变化，由重化工业转向商业、金融和保险、不动产等第三产业。1981～1989 年，日本对不动产业的直接投资存量高达 347.42 亿美元，占同期日本对外直接投资存量的 16%。

（四）调整恢复阶段

进入 21 世纪后，日本经济增速仍未有大的起色，对外直接投资在起伏波动中调整。与 2003 年至今我国对外直接投资的快速增长和世界排位不断增长相比，日本 2003 年以来对外直接投资流量的世界排位在第二至第六的位次中起伏，投资存量的排位逐渐由世界第四滑落至世界第六。这一阶段日本对外直接投资的区位逐渐分散，但投资主要目的地仍然集中在北美、亚洲和非洲地区。从投资行业看，制造业对外直接投资比重逐渐增大，其中电气机器、运输机器等领域的投资份额不断攀升，占制造业投资的比重超过 50%。

二、日本对外直接投资的经验

（一）根据经济发展阶段及时调整对外直接投资战略

日本对外直接投资的国家战略根据国内经济发展状况进行灵活调整。20 世纪 60 年代之前，日本的少量对外直接投资以自然资源寻求型为主，此后，日本经济从第二次世界大战中慢慢恢复，开始了对中南美和东南亚等地区纺织业的对外直接投资，同时，日本加大了对原材料、制造业等行业的对外直接投资，以及旨在获取先进技术的对发达国家的对外直接投资。

70 年代后，日本将能源消耗和污染严重的产业大规模向国外转移，对外直接投资进入快速增长阶段。80 年代后，日本根据经济发展情况实行了“贸易立国”到“ 技术立国”的战略转变，加上日元升值、国内生产成本上升等因素的影响，日本对外直接投资进入急剧膨胀阶段。值得反思的是，1985 年“广场协议”签订后，日元大幅升值使得日本出口成本上升而对外直接投资急剧膨胀，由于未能协调好对外直接投资与国内产业升级和经济发展的关系，失去节奏控制的大规模对外直接投资引发了国内经济失血、产业空心化等一系列不良经济后果。进入 90 年代，日本经济泡沫破裂，对外直接投资失去往日的增长势头，逐渐将投资重心转向亚太地区，增加对制造业的投资（敦忆岚，2014）。日本根据国内经济发展状况不断调整的国家对外直接投资战略，在不同时期有力地推动了日本企业的海外扩张，同时，通过与诸多国家签订双边投资协定，以及其他政治、外交等国家层面的相关活动来促进企业的对外直接投资。例如，对于资源寻求型对外直接投资，日本不仅给予直接的补助扶持，还积极与东道国开展“资源外交”以支持企业投资。80 年代实行“技术立国”战略后，政府推动企业对美国和欧洲等发达国家（地区）进行大规模技术获取型的对外直接投资，并通过在海外设立共同研发中心，聘请国外科研人员，与国外大型企业、高等院校及科研机构共同开展科技研发项目等一系列措施获取东道国的专利技术与研发资源；与此同时，日本跨国公司将获取的前沿技术与本国实际国情及市场需求相结合并进行了开发再创新，获得了较大成功。通过加强对美国、欧洲等发达国家（地区）在高技术行业的技术获取型对外直接投资，不断跟踪、学习和吸收行业前沿技术，并将获得的先进技术转化为自身的核心竞争力，从而为日后进行高附加值的对外直接投资以及出口技术结构升级奠定坚实的基础（刘新宇，2016）。

（二）建立对外直接投资的政策支持服务体系

日本政府采取的一系列税收、金融等支持服务政策，方便和促进了日本企业对外直接投资的发展。在税收方面，日本出台税收抵免、延迟纳税、分红纳税、不分红不纳税等一系列税收优惠政策，鼓励企业开展对外直接投资。在金融方面，日本成立进出口银行、日本发展银行、信用担保协会等机构为本土跨国公司提供贷款等融资支持。日本还创设海外投资保险、海外投资关系信用保证、海外投资亏损准备金、海外矿物资源投资保险等制度，为对外直接投资企业提供担保、保险等服务。其他相关配套制度政策支持还包括对外直接投资指导制度、信息收集制度、对外直接投资管理者研修制度等，为日本各类企业的境外投资活动保驾护航。与美国类似，日本成立相关专门机构承担上述职能并以相关法律形式予以确认。

（三）激励大型企业带动中小企业一起参与对外直接投资

日本对外直接投资主体的主要构成是大型跨国公司，以综合商社为代表的大型跨国公司主导了日本对外直接投资大规模扩张时期的多数投资活动，但政府鼓励大型企业带动中小企业一起参与国际投资。日本大型企业带动中小企业共同参与对外直接投资和国际并购，成为日本对外直接投资大规模扩张时期特有的发展模式，这种多样化主体参与国际并购的对外直接投资方式有效提升了本土企业的综合竞争力，尤其激发了中小型企业进行对外直接投资的积极性（刘新宇，2016）。在日本对外直接投资大规模扩张时期，由于大型企业的带动，日本中小企业对外直接投资占整体投资的比重由 1974 年的 5.4%上升到 1978 的 8.3%，1984 年进一步上升到 16%（胡强，2015）。

（四）引导本土企业形成品牌意识并树立良好形象

日本政府引导本土企业在对外直接投资过程中树立自己的国际化品牌。20 世纪 80 年代，日本对外直接投资大规模扩张时期涌现出索尼、松下、东芝、三菱、夏普、丰田、本田等诸多至今依然知名的世界品牌。这种国际化品牌战略使得日本在对美国、欧洲等地的半导体、电子机械、汽车等高科技制造业的对外直接投资活动中汲取了丰富的生产技术、管理经验，同时使得日本跃升并占据了全球产业链分工的中高端位置。另外，日本政府注重引导企业在东道国树立正面的企业形象。政府不仅仅积极在东道国开展对外公关，签署双边投资保护协定、避免双重征税协定等互惠协议，以推动日本本土企业在境外顺利实施投资，还鼓励和引导企业通过在东道国设立医疗、慈善等服务机构，以及直接捐款或者增加当地人就业机会等公益服务方式，巩固和加深其与东道国的合作关系，营造其在东道国的企业形象（刘新宇，2016）。

（五）防范海外投资风险

20 世纪 80 年代日本企业出现一波海外并购潮，1985 年“广场协议”签订后日元大幅升值的后续效应是推动这一并购潮的重要因素。1988 年，海外并购金额一度达到 135.14 亿美元，是 1987 年的 4.28 倍，1989 年略有下滑，1999 年进一步上升到 140.48 亿美元，其后日本海外并购随着日本泡沫经济破灭而渐趋低迷。这一波海外并购潮在短期内投资增速过快，投资项目大多以失败告终，以 15 个最大的代表性海外并购项目为例，只有 4 个取得了成功，而其他 11 个基本失败，未能收回投资成本（张宗斌和沈明伟，2011），不仅给相关企业带来损失，也对日本的国际形象产生了负面影响（杨立强等，2017）。这些海外投资项目的失败在一定程度上是受到日本国内泡沫经济破灭的拖累，但更多的是因为不少企业出现了投资决策轻率的倾向。这些企业在当时日元升值和日本国内泡沫经济膨胀的幻觉刺激下，随大流的跟风投资特征明显，且大部分集中投资于美国。短期内大量资金“扎堆”投资美国这一单一市场，一方面导致美国出售方趁机抬高收购报价，另一方面刺激了美国公众担忧“日本买下美国”的反感情绪，使得投资并购的难度和阻力增大，成本和风险提升，不少投资项目以失败告终。

第三节　美国和日本对外直接投资经验对我国的启示

第一节和第二节考察与分析了美国、日本对外直接投资的实践和经验，本节总结美国、日本对外直接投资对我国的启示。

（一）制定清晰的对外直接投资国家战略

对外直接投资战略是国家战略中的重要组成部分，美国、日本等发达先行国家均擅长结合国际政治和外交战略给予对外直接投资战略以高度重视（敦忆岚，2014），并根据国际形势和本国经济发展的阶段不断调整对外直接投资战略，同时，通过对外直接投资战略的推进促成国家整体战略目标的实现。美国从第二次世界大战后的“马歇尔计划”到“跨太平洋伙伴关系协定”“跨大西洋贸易与投资伙伴协定”等不同时期的国家战略，均有力地推动了美国公司的对外直接投资，促进了美国跨国公司的发展，截至 2017 年美国公司对外直接投资存量和流量均位居世界第一。日本由于国内资源相对贫乏，国家战略鼓励企业把资本、技术知识和管理等资源直接投资至境外，通过边际产业的依次梯度转移持续获取投资收益，并寻求在世界范围内掌握更多的经济主动权和话语权（敦忆岚，2014）。

目前，我国已形成“走出去”战略、“一带一路”倡议等，应与其相结合，助力正处关键成长期的我国企业对外直接投资。理论和实践层面重视引进外商直接投资而相对忽视对外直接投资的情形依然存在（乔晶和胡兵，2014），因此在战略层面统筹和明晰对外直接投资和引进外商直接投资的战略是有必要的。我国当前对外直接投资的主要领域是资源型对外直接投资以及与制造业相关的对外直接投资，考虑到世界经济形势在后危机时代全球化进一步推进的动力不足、贸易保护主义在世界范围内时有抬头，在战略层面明晰资源型对外直接投资有助于缓解资源缺乏的瓶颈，以及与制造业相关的对外直接投资有助于制造业的结构升级是必要的。

（二）加强监管和引导，防范对外直接投资风险

企业是对外直接投资的主体，但政府需要在国家整体发展战略下，将推进对外直接投资便利化与加强监管和引导结合起来，切实防范对外直接投资风险。引导企业在海外规范经营，重视企业社会责任的履行和企业形象的建设；引导企业在“走出去”过程中避免“相互拆台”、搞恶性竞争；引导企业建立有效的风险管理体系，提高危机应对能力。鼓励企业制定有步骤的国际化战略并进行充分的调查研究（张晓兰，2017），限制企业非理性盲目跟风式的“一窝蜂”投资。鼓励企业加强资源获取、技术获取等对外直接投资，以推进国内产业结构的调整升级，限制类似于 20 世纪 80 年代日本对美国房地产业、旅店餐馆业等领域的“接盘扫尾”式投资（杨

立强等，2017）。鼓励企业在新兴市场国家、“一带一路”沿线国家（地区）有计划、有步骤地扩大投资，避免短时间内在单一目标市场的投资增速过快。

（三）建立较完善的政策支持服务体系

在对外直接投资实践中，政府发挥着举足轻重的作用。为了保证企业对外直接投资的顺利开展及快速发展，各国均设立了专门的促进对外直接投资管理的独立机构，以不断完善各种服务、支持体系建设。

通过税收抵免、税收豁免、税收延付等财政手段鼓励支持本国企业的对外直接投资，并通过建立海外投资基金等经济发展基金为风险较大的对外直接投资项目提供支持，通过设立特别金融机构为对外直接投资企业提供多样化的金融支持（敦忆岚，2014）。按照世界资本输出大国普遍的通行做法，设立对外直接投资保险制度，保障企业对外直接投资的资金安全。

实行有效的财税政策鼓励企业进行对外直接投资。美国、日本通过税收优惠政策来鼓励本国对外直接投资的发展，税收优惠政策包括税收抵免法、税收饶让抵免、延迟纳税、分红纳税、不分红不纳税等，这些优惠政策极大地激发了企业对外直接投资的热情。美国、日本还建立了海外投资基金、海外投资亏损准备金等对外直接投资发展基金，向企业提供直接贷款和担保。此外，政府还应抓紧与东道国签订避免双重征税协定，避免我国对外直接投资的企业和员工在国内外双重征税。

制定和完善金融支持政策。为了鼓励企业进行对外直接投资，各国政府设立了专门的金融机构（如美国海外私人投资公司、日本进出口银行等），同时指定相关政策性银行或商业银行专门负责对外直接投资基金的具体运营。适当放松对金融机构的监管，建立信贷担保体系，拓宽跨国公司的融资范围，增强企业的融资能力（尹音频和高瑜，2009）。

健全我国对外直接投资的保险制度。对企业而言，对外直接投资的风险主要来自政治风险，过去中国对外直接投资规模小、企业数量少，面临的政治风险较小，但随着中国企业对外直接投资的规模增大和数量增长，必然要面对对外直接投资的政治风险问题，健全我国对外直接投资保险制度，有助于消除企业跨国经营的顾虑。

提供信息支持服务。美国、日本均建立了情报机构为企业对外直接投资提供情报，如美国的国家行政机关、国内特别机构、美国海外私人投资公司以及驻外使领馆所设的经济、商业情报中心等机构，都为美国对外直接投资企业提供信息服务；日本的日本贸易振兴机构、日本进出口银行海外投资研究所、日本商工会议所等机构，都为日本对外直接投资企业提供市场信息。对于我国而言，政府应设立对外直接投资相关的信息机构和信息网站，为海外投资企业提供信息和咨询服务，为投资者提供投资对象国的政治、经济动向，帮助企业了解国际市场的需求状况和东道国的投资环境，增强企业的国际竞争力。

建立和完善法律规章体系。建立和完善对外直接投资的法律规章体系，有利于规范跨国公司的对外直接投资行为，保障其对外直接投资的顺利开展和不断发展，使我国跨国公司做到有法可依、依法而行、有章可循，同时也有利于提升政府相关部门的监管、服务效率（赵伟，2007）。当前，我国应加快对外直接投资的立法进度，制定与国际惯例、国际性法律接轨的对外直接投资相关法律，不仅能规范对外直接投资企业的相关行为，也能为我国跨国公司的海外利益、经营权益提供法律保障。

（四）培育具备实力的对外直接投资企业

企业国际竞争力的提升是企业对外直接投资成功的重要前提，世界一流水平的跨国公司不仅拥有大规模的对外直接投资，还拥有强大的国际竞争力（敦忆岚，2014）。美国、日本不仅重视大公司的对外直接投资，还高度重视中小企业的对外直接投资。中小企业在对外直接投资时，常缺少资金支持，因此可考虑建立自负盈亏的对外直接投资基金给予专门支持。在企业对外直接投资的起步阶段，提供直接资金，当企业的跨国经营取得利润时，需按一定比例返回利润，使基金不断得到充实，以便基金能长久地、连续地向企业提供对外直接投资的资金支持（王丽华，2002）。

从我国对外直接投资的主体结构来看，大型国有企业仍然扮演着重要角色，而中小民营企业参与海外投资的积极性还不够。由国有企业主导的海外大型投资并购有时容易引起东道国政府和社会公众的疑虑，由此而引起的我国企业海外并购失败的案例时有发生。应当借鉴日本投资主体多元化的成功经验，鼓励大型跨国公司连同中小民营企业一起参与海外投资并购，针对民营企业相对规模小、资金少、综合竞争力较弱的局面，引导大型跨国公司与中小民营企业开展互补式合作，降低其对外直接投资的风险与难度，推进民营企业的海外投资。

第四节 本章小结

美国是进行对外直接投资较早的国家之一，当前的投资流量和存量均居世界首位；日本企业在第二次世界大战后走出的对外直接投资之路有别于美国（Kojima，1978），其早期面临的国内条件和外部环境与当前我国企业具有一定的相似性。本章梳理和考察了美国、日本对外直接投资实践所经历的发展阶段和对外直接投资的相应国家政策，总结和归纳了美国、日本对外直接投资的主要经验，提炼出发展我国对外直接投资的如下启示：①制定清晰的对外直接投资国家战略；②加强监管和引导，防范对外直接投资风险；③建立较完善的政策支持服务体系；④培育具备实力的对外直接投资企业。

第七章　我国对外直接投资的政策变迁与挑战

对外直接投资管理体制内容广泛，牵涉部门众多，伴随着我国改革开放进程的不断深化，与对外直接投资相关的行政审批、外汇管理、融资体制和政策支持体系等相关政策一直处于调整和完善中，本章对此进行梳理并探讨当前我国对外直接投资政策体系面临的问题和挑战。

第一节　我国对外直接投资政策体系的变迁历程

我国对外直接投资相关政策体系的变迁历程，从改革开放至今大致经历了尝试探索（1978～1991 年）、规范管理（1992～2002 年）、引导鼓励（2003～2013 年）和优化调整（2014 年至今）等几个阶段。前两个阶段，我国对外直接投资的规模很小，在第三阶段我国对外直接投资增长迅速并引起了国内外的广泛关注，在第四阶段及未来一段时期，政策如何优化调整以促进我国对外直接投资的更好发展，是需要研究的重要课题。

一、尝试探索阶段

这一阶段的大致时期为 1978～1991 年。在改革开放的大背景下，国务院于 1979 年 8 月颁布了《关于经济改革的十五项措施》，允许我国企业在境外开展投资，创办企业，奏响了我国企业“走出去”的序曲。这是我国对外直接投资的尝试探索时期，企业和政府均缺乏经验，国家的相关宏观管理非常谨慎。特别地，这一时期对外直接投资的主体是国有企业，为防止国有资金的流失，政府对海外投资活动的控制极为严格，只允许拥有对外贸易资质的企业进行跨国经营，对外直接投资的方式多是在投资目的国设置办理机构或代表处，对外直接投资的内容多为贸易促进类投资（张默含，2014）。各类项目，不论投资额多少都需国务院审批，一事一议（姜亚鹏，2011）。

1982 年 3 月，经全国人大批准，对外贸易部、对外经济联络部、进出口管理委员会、外国投资管理委员会合并，成立对外经济贸易部，于 1983 年调整了企业对外直接投资审批和管理归口管理单位，形成了对外经济贸易部为主体、国家外汇管理局等部门为辅的国家、省级、市级三级管理体制，管理企业对外直接投资的相关事宜，这是管理境外投资制度方面的积极尝试。随着改革开放的逐渐深入，更多企业包括非贸易类企业境外投资不断出现，原有的管理体制已不太适应对外直接投资形势的新发展。对外经济贸易部于 1984 年 5 月出台了《关于在国外和港澳地区举办非贸易性合资经营企业审批权限和原则的通知》，1985 年 7 月制定了《关于在国外开设非贸易性合资经营企业的审批程序和管理办法》，允许非贸易类企业在境外进行投资，放松了对外直接投资的条件，只需要有一定的资金和技术即可，同时将一部分审批权下放到省级，实现了非贸易类企业对外直接投资审批从个案审批到批量规范性审批的转变，不仅减少了审批流程，还提高了审批效率。这一系列政策的实施便利了我国企业包括非贸易类企业对外直接投资的发展，并使对外直接投资主体更加多元化。

从政策优先序来看，这一时期引进外商直接投资明显优先于对外直接投资。而且，由于改革开放初期国家外汇储备比较短缺，为防止对外直接投资过多消化紧缺的外汇而对国内经济发展产生不利影响，国家外汇管理局于 1989 年 3 月颁布了《境外投资外汇管理办法》，对于外汇的使用进行了详细的规定，对外直接投资只能使用企业自有外汇，未经国家外汇管理局批准，不得使用其他外汇。国家计划委员会在 1991 年 2 月报送给国务院的《关于加强海外投资项目管理的意见》中明确提出我国尚不具备大规模投资境外的条件；3 月，国家计划委员会发布的《关于加强海外投资项目管理的意见》对投资审批金额做出规定，对于中方投资额在 3000 万美元及其以上的项目，由国家计划委员会同相关部门初审项目建议书和可行性研究报告后上报国务院审批；8 月，国家计划委员会发布《关于编制、审批境外投资项目的项目建议书和可行性研究报告的规定》，明确我国企业对外投资的地区、形式和内容，即允许我国的企业、公司或其他经济组织以投资、购股等方式到境外的国家或地区（含港澳地区和苏联、东欧各国）举办或参与举办非贸易性项目。但是，国家在企业对外直接投资管理方面的尝试和探索并未停止。1991 年 5 月《国务院办公厅转发经贸部、国家体改委关于中国化工进出口总公司在“八五”期间继续进行国际化经营请示的通知》指出，通过试点积累对外直接投资经验，努力开拓，在国际经济的竞争中不断发展壮大。

总之，在 1978～1991 年的尝试探索阶段，我国将主要精力放在国内经济建设上，与国际的经济联系并不十分紧密，对外直接投资虽然取得了一定成绩，但企业境外业务总量较少，对外直接投资规模也较小，投资主体以国有企业为主，民营企业很少参与。与之相对，我国对外直接投资的管理体制亦处于尝试探索阶段，各项管理制度不成体系，比较重视企业对外直接投资前的程序审批而忽视了企业投资后的管理服务、风险评估与控制等制度的跟进。

二、规范管理阶段

这一阶段的大致时期为 1992～2002 年。该时期，我国将建设社会主义市场经济作为经济体制改革的目标，加大了对外开放的步伐和力度，形成了对外开放的新思路。十四大报告明确提出，深化外贸体制改革，尽快建立适应社会主义市场经济发展的、符合国际贸易规范的新型外贸体制；赋予有条件的企业、科技单位以外贸自营权；积极扩大我国企业的对外投资和跨国经营。

1992 年 3 月，围绕十四大精神文件，对外经济贸易部制定了《对外经济贸易部关于在境外举办非贸易性企业的审批和管理规定（试行稿）》等规定，初步实现了对外直接投资由逐案审批向制度规范性审批的转变，具有中国特色社会主义的对外直接投资政策初步形成。该规定的实施提高了审批效率，促进了我国企业对外直接投资的开展，投资主体范围由国有企业为主体扩大到包括民营企业在内的所有企业。

1993 年，对外贸易经济合作部起草了《境外企业管理条例》。该条例对政府相关部门在企业境外投资管理中的职能定位和分工做出了制度性安排：对外贸易经济合作部负责对境外投资方针政策的制定和统一管理；国家计划委员会负责审批项目建议书和可行性研究报告；其他部委及省一级对外贸易经济合作厅为其境外企业主办单位的政府主管部门；对外贸易经济合作部授权驻外使（领）馆经商处（室）对中方在其所在国开办的各类企业实行统一协调管理。1997 年 5 月对外贸易经济合作部在原有《境外企业管理条例》的基础上，制定了《关于设立境外贸易公司和贸易代表处的暂行规定》，进一步细化并明确了各部门的职能定位和分工。

1997 年十五大明确提出，以更加积极的姿态走向世界，完善全方位、多层次、宽领域的对外开放格局，发展开放型经济，增强国际竞争力，促进经济结构优化和国民经济素质提高；鼓励能够发挥我国比较优势的对外投资；更好地利用国内国外两个市场、两种资源。1999 年国务院办公厅转发对外经济贸易合作部、国家经济贸易委员会、财政部《关于鼓励企业开展境外带料加工装配业务的意见》，从审批程序、政策措施等方面为加工贸易类企业境外开展经营活动提供了详尽的政策措施。

2000 年 3 月，九届全国人大三次会议正式提出实施“走出去”战略。2000 年 10 月，十五届五中全会通过的《中共中央关于制定国民经济和社会发展第十个五年计划的建议》，将对外直接投资放到和引进外商直接投资同等地位，将对外直接投资提升至国家发展战略，之后，我国又分别制订了具体实施的相关配套文件，从信贷、保险等方面给予对外直接投资企业以支持，并加强了对企业境外直接投资业务的监管和协调。

2001 年我国加入世界贸易组织后，针对企业对外直接投资又陆续出台了一系列政策。2002 年，十六大进一步明确实施“走出去”战略这一对外开放新阶段的重大举措。国家引导鼓励企业对外直接投资，对已有的政策审批体系、监管体系进行优化调整，同时还颁布了一批新的配套政策措施，主要集中在投资融资、税收优惠、外汇管理、信息咨询、法律保障、金融财政、风险防范等方面。2012 年，十八大报告继续强调，全面提高开放型经济水平；加快走出去步伐，增强企业国际化经营能力，培育一批世界水平的跨国公司；推动同周边国家互联互通。提高抵御国际经济风险能力。

随着市场经济体制的逐步确立，我国对外直接投资的管理模式逐渐由计划色彩浓厚转向更多依靠市场手段，企业自由经营管理和投资的权限进一步放开。虽然经过了改革开放初期的尝试探索阶段，我国对外直接投资政策体系也逐渐规范完善，管理手段也日益符合市场规则，但随着国内市场的日趋饱和以及资源的不断枯竭，我国对外直接投资政策的不足之处也日渐显露，尤其是金融、信息等服务性支持政策明显偏弱。

三、引导鼓励阶段

这一阶段的大致时期为 2003～2013 年。2003 年对外经济贸易合作部制定了《关于成立境外中资企业商（协）会的暂行规定》，对于在境外中资企业比较集中的地区陆续成立的境外中资企业商会、协会等驻外中资企业自律性组织成立的原则与程序进行了规范。2004 年 10 月，商务部发布《关于境外投资开办企业核准事项的规定》，支持和鼓励有比较优势的各种所有制企业赴境外投资开办企业。2007 年十七大报告强调，把“引进来”和“走出去”更好结合起来。2012 年十八大报告提出，加快走出去步伐，增强企业国际化经营能力，培育一批世界水平的跨国公司。十八届三中全会则提出，必须推动对内对外开放相互促进、引进来和走出去更好结合。2013 年，我国提出共建“丝绸之路经济带”和“21 世纪海上丝绸之路”（“一带一路”）的重大倡议，为新时期我国企业的“走出去”战略注入了新的时代内涵。

从这一阶段开始，我国对外直接投资的管理体制由审批制逐渐向核准制、备案制转变（李锋，2016）。2003 年，商务部发布《关于做好境外投资审批试点工作有关问题的通知》，在北京等 12 省（市）进行下放境外投资审批权限和简化审批手续的改革试点，试点省（市）的地方审批权限由 100 万美元提高至 300 万美元。2004 年，国务院发布《国务院关于投资体制改革的决定》，进一步明确国家发展和改革委员会（简称国家发改委）负责核准境外投资项目，商务部负责核准境外开办企业，这标志着我国的境外投资管理由审批制向核准制的转变。2004 年 10 月，国家发改委发布《境外投资项目核准暂行管理办法》，该办法进一步下放了境外投资项目审批权限，资源开发类中方投资额在 2 亿美元以上的项目和 5000 万美元以上的其他类项目，由国家发改委审核后上报国务院核准。2009 年 3 月，商务部发布《境外投资管理办法》，将 1 亿美元以下的境外投资项目下放由省级商务部门负责核准。2013 年，国务院发布《政府核准的投资项目目录》，进一步下放境外投资的审批权限，无论国有企业或非国有企业，10 亿美元以下不涉及敏感领域和地区的境外投资项目只需提交材料备案而不再需要报送各级发改委核准。

随着这一阶段我国企业对外直接投资活动的日渐活跃，外汇管理也越来越宽松。2003 年，国家外汇管理局取消了境外投资外汇风险审查制度和境外投资汇回利润保证金制度，同时放宽企业对外直接投资的购汇限制和购汇审批手续，在 22 个试点省（市）将企业投资前期汇出资金的管理由审批制改为核准制。2005 年 5 月，国家外汇管理局发布《关于扩大境外投资外汇管理改革试点有关问题的通知》，通知明确将境外投资的外汇管理改革由试点省（市）扩大到全国范围，地方的境外投资外汇审批权限和外汇购汇额度分别从 300 万美元、33 亿美元提高到 1000 万美元、50 亿美元。2005 年 8 月，国家外汇管理局发布《关于调整境内银行为境外投资企业提供融资性对外担保管理方式的通知》，进一步取消了针对企业境外投资融资性对外担保的逐笔审批制，改为更方便的余额控制。2008 年 8 月，国务院发布《中华人民共和国外汇管理条例》，将强制结售汇转为自愿结售汇。

前两个阶段我国对外直接投资规模较小，但在引导鼓励阶段，我国对外直接投资出现了迅猛增长，已经引起了国内外的广泛关注。2003 年我国开始每年发布《中国对外直接投资统计公报》，公报数据显示，2003～2011 年我国对外直接投资流量年均增长率为 50.41%，2012 年和 2013 年均位居世界第三。需要指出的是，这一阶段我国大多企业的跨国经营经验并不丰富，一些企业对投资目的国的政策、法律、市场等风险的认识也不充分，在投资快速增长的背景下，投资失败的案例不在少数。这一时期，政策体系变化的总体方向由前两个阶段对境外投资的控制转向引导和鼓励，由前两个阶段的审批制逐渐过渡到核准制、备案制，并逐步建立起金融、财政、外汇、咨询等服务支持体系。

四、优化调整阶段

这一阶段的时期为2014年至今。我国对外直接投资在上一阶段进入关键成长期并成为对外直接投资的重要来源国后，国际国内形势出现了新的变化。金融危机的深层次影响逐渐显现，国际经济处于缓慢复苏进程，新的国际经贸规则正处于调整孕育中，国际上特别是一些发达国家针对我国大规模境外投资的审查力度趋向强化（何帆，2013）。国内的经济下行压力增大，经济发展逐渐进入新常态，资源环境约束趋紧，低成本竞争优势逐渐衰减，面临着经济结构优化升级以及增长动力由要素驱动、投资驱动转向更多依靠创新驱动等挑战。

这一阶段政策的一个取向是面对国内外变化了的新形势，在我国对外直接投资已达较大规模的基础上，进一步推动其优化调整、更好地发展。2014年4月，国家发改委发布《境外投资项目核准和备案管理办法》，推进企业海外投资备案管理模式，除部分审批权限由国家掌握外，大部分备案权限下放。2014年9月，商务部新修订的《境外投资管理办法》发布，取消了对特定金额以上境外投资、在境外设立特殊目的公司的核准要求，明确确立“备案为主，核准为辅”的管理模式。2015年5月，《中共中央 国务院关于构建开放型经济新体制的若干意见》出台，要求研究制定境外投资法规；加快建立合格境内个人投资者制度；放宽境外投资限制，简化境外投资管理，除少数有特殊规定外，境外投资项目一律实行备案制。“十三五”规划提出，支持企业扩大对外投资，深度融入全球产业链、价值链、物流链；建设一批大宗商品境外生产基地及合作园区。积极搭建对外投资金融和信息服务平台；引进来和走出去并重、引资和引技引智并举，发展更高层次的开放型经济，积极参与全球经济治理和公共产品供给，提高我国在全球经济治理中的制度性话语权，构建广泛的利益共同体。这一时期的一些有利我国企业对外直接投资的重要政策与“一带一路”倡议相关。

2014 年，中国外汇储备、中国投资有限责任公司、国家开发银行、中国进出口银行共同出资成立了丝路基金，为在“一带一路”沿线国家（地区）投资企业提供融资服务。另外，我国还陆续与“一带一路”相关国家（地区）签订了双边、多边《贸易便利化协定》《投资贸易保护协定》等多层次经贸合作协议。

在这一时期，基于国际国内复杂的经济社会环境变化，我国企业对外直接投资继续以较快的速度增长，国家的相应管理制度也在不断优化调整。这些政策的优化调整顺应了新时期“走出去”战略、“一带一路”倡议等，有利于我国企业对外直接投资的健康发展。

第二节　我国对外直接投资政策体系面临的问题与挑战

21 世纪以来，尤其是 2003 年以来，我国对外直接投资展现出了迅猛增长的势头，可以说，我国已经进入通过对外直接投资寻求国际竞争新优势的开放新阶段，特别是价值链拓展型的对外直接投资符合我国企业发展的内在需求，有利于我国产业升级、结构优化和经济的长期增长。本章第一节梳理了我国对外直接投资政策体系的变迁历程，政策的变迁大致吻合我国企业对外直接投资实践的发展趋向。但是，对外直接投资政策管理体系有时跟不上实践发展的步伐，目前在项目审批备案、外汇管理、金融支持、国际协调等领域仍然存在较为严重的缺陷，并且政策体系间的统筹协调存在不足，不利于我国企业对外直接投资的发展（何帆，2013）。

一、“政出多门、多头管理”

我国对外直接投资管理职能分散于不同部门，因此“政出多门、多头管理”是比较突出的问题（王宏新，2011；李锋，2016）。目前，商务部负责制定境外投资管理办法和相关政策，起草对外直接投资管理的相关法律法规，并依法核准和监督管理非金融类企业对外直接投资；国家发改委负责国家拨款的境外资源开发类和大额用汇投资项目；中国银行业监督管理委员会（简称中国银监会）、中国证券监督管理委员会（简称中国证监会）、中国保险监督管理委员会（中国保监会）负责金融类企业对外直接投资；与对外直接投资有关的外汇事务归口国家外汇管理局和中国人民银行管理[①]。另外，其他相关职能部门以及各地方政府负责根据本行业或本区域的具体情况，确定本行业或本区域对外直接投资的优先方向和领域。

“政出多门”的交叉管理模式效率不高，使得企业在完善投资项目手续时，费时费力，容易在国际竞争中错失投资的最佳时机。不同职能部门在制定对外直接投资的相应管理办法时从自身部门的权限和利益出发，统筹协调和相互沟通不足，使得管理效率偏低，成本偏高（李锋，2016），也使得境外投资企业在完善相关手续时，费时费力，有时难免错失投资机会（洪俊杰等，2016）。这些情况出现的一个重要原因是，缺乏国家层面关于境外投资管理的顶层系统筹划，如我国至今没有一部完整的海外投资法律（衣长军和苗权芳，2012）。20 世纪 80 年代开始，相关部门不断颁布对外直接投资的相关法律法规，但这些法律法规的颁布相对于我国企业的对外直接投资实践有时是被动和滞后的，企业对外直接投资相关的整个法律法规体系显得零乱；同时，不少应当以法律法规正式体现的对外直接投资的导向和精神在实践中是通过“暂行规定”和“办法”，有时甚至是“意见”或“通知”的形式来体现的，尚未形成一部系统化的境外投资法（王宏新，2011）。事实上，我国很早就已经提出了企业“走出去”战略，近年又明确了“一带一路”倡议等，其根本目的是充分利用“两个市场、两种资源”，更好地发挥我国的比较优势，推动我国经济的转型升级，最终为我国的经济发展服务。因此，可以考虑在此背景下进行前瞻性的系统筹划，为我国对外直接投资企业提供更好的管理、指导和服务。

① 2018 年国务院机构改革方案实施后，中国银行业监督管理委员会和中国保险监督管理委员会已不再保留，两机构整合相关职责，组建了新的中国银行保险监督管理委员会。两机构拟订银行业、保险业重要法律法规草案和审慎监管基本制度的职责则划入中国人民银行。

二、对外直接投资政策体系有待完善

我国对外直接投资的政策体系缺乏从国家大战略出发的系统设计，且相关法律法规的颁布有时滞后于我国企业的对外直接投资实践，现在的境外投资政策体系仍有待完善。一个被常常提及的问题是“重审批、轻监管”（陈坚，2013）。监管政策的漏洞造成国有资产流失、资本外逃、境外非法经营等严重后果，不仅会给国家经济带来巨大损失，也会给国家对外直接投资形象造成负面影响。虽然相关职能部门采取了诸如年检、绩效评价等监管措施，但是效果不佳。而且，这些监管措施基本是针对国有企业，随着非国有企业境外投资的日益活跃，相关监管并未跟上。

另外，现有国家对外直接投资政策的行政色彩较浓，涉及企业的服务功能明显不足（王宏新，2011）。我国对外直接投资管理体系不是以服务为目标搭建的，在对外直接投资政策体系中原则性政策较多，事务性、服务性政策较少（李众敏，2010），虽然国家现有对外直接投资政策体系中也有部分风险控制、法律咨询等服务性政策，但信息搜集手段相对原始，很多信息并未得到充分发掘，服务性机构小且分散，未能得到有效整合形成合力（陈坚，2013）。由于国内企业在国际舞台上竞技时间较短，对国外环境缺乏充分了解，特别是对投资目的国的法律政策、投资环境、人文风俗、市场环境等知之甚少，投资经验有限，面临的市场、人文环境等不确定性风险较多，对这类服务政策的供给明显满足不了企业的需求。从国家驻外机构来看，我国使（领）馆的经济商务参赞处（室）是我国驻外使（领）馆的组成部分，同时也是商务部管理对外经贸工作的国外派驻代表机构，在企业驻外联络、提供信息等诸多方面做了大量的工作，但其职能主要是贯彻我国对外经贸的相关战略和政策，微观服务与协调功能还有待加强（王宏新，2011）。目前，商务部已经在中资企业相对集中的国家（地区）引导企业组建中资企业的境外商会、搭建各类企业国际合作平台、开展大型国际经贸活动、协调解决企业跨国争端、维护中资企业利益等，但这方面的力量还比较薄弱。例如，已经搭建的中国-东盟博览会、中非合作论坛、中国国际投资贸易洽谈会等国际性平台，常设性机构支撑缺乏，企业特别是中小企业受惠程度比较有限。另外，商务部不定期出版或发布的

《国别贸易投资环境报告》《对外投资合作国别（地区）指南》等偏向于宏观指导，不能很好地满足企业的微观需求（王宏新，2011）。

三、对外直接投资和外商直接投资政策有待整合

改革开放初期，我国经济发展相对落后，急需国外先进的技术、资金和管理经验来发展我国经济，因此吸引外商直接投资成为发展的主要力量；改革开放后期，经过多年的发展改革，我国经济状况有了很大改善，企业开始积极“走出去”，我国对外直接投资数量超过实际吸引外商直接投资数量，对外直接投资成为未来拉动经济增长的主要动力。国家高度重视“引进来”和“走出去”战略的实施，并反复强调两种战略进行互动，更好地促进各要素资源在全球范围内自由流动、高效配置，积极培育企业参与国际经济合作的新优势（洪俊杰等，2016）。然而，由于各种原因，“引进来”和“走出去”两种战略之间并未形成良性互动。国家引进外商直接投资的初衷，是想利用国外先进的生产技术和管理经验以及及时的国际信息资源，在国内市场激发“鲶鱼效应”，让更多的企业有危机意识，促进国内企业快速成长，提升市场尤其是高端市场竞争力。但引进外商直接投资和对外直接投资两种政策协调度不够，“走出去”战略的实施速度和力度明显滞后于“引进来”战略，外商直接投资的引进带来了大量竞争优势明显的跨国集团，使本已饱和的国内市场竞争更加激烈。外商投资企业不仅在商品市场上直接形成了竞争，降低了商品价格，同时在吸引人才方面直接推高了劳动力用工成本，进一步压缩了国内企业的利润空间，给本土企业的生存造成一定的困难，利润的减少反过来又降低了对外直接投资的能力，进而放慢了企业对外直接投资的步伐。总之，市场竞争挤出本土企业市场份额，降低母国规模效应，使得企业境外投资变得更加困难（洪俊杰等，2016）。

四、国际经贸规则制定中缺乏话语权，影响力弱

2008 年金融危机后，美国、日本等发达国家在重塑国际投资规则制定上达成某种程度的共识，主导并推动了一系列新国际贸易投资规则的谈判。

相较于传统的国际投资协定，新一轮国际投资协定的关注点已经从投资保护的纯经济领域扩展到社会、环境、法律等更大范围，从投资便利、税收政策等扩展到社会责任、劳工与环境保护、知识产权等领域（金芳，2014），从谈判发起到最终标准确立的各个环节，这些扩展议题的博弈已成为争夺国际投资治理主导权的核心内容（黄世席，2015）。一般来说，国际投资和贸易规则体系具有排他性特征。双边或多边投资和贸易协议成员相互间降低准入门槛，拓宽贸易和投资领域，推动贸易和投资自由化，但也会以各种理由阻碍其他国家的进入，不利于全球经济贸易投资一体化。而在这些面向未来的新一代贸易规则和投资规则制定过程中，美国、欧洲等发达国家（地区）绕开我国甚至世界贸易组织进行双边或多边谈判，借助于这些双边谈判的溢出效应将双边规则扩展到全球层面（张平和张晓通，2013）。尽管目前中国在多边贸易体系中的地位日益提高，但在国际贸易政策制定中的影响力较弱，话语权有限，在国际投资治理体制的建设中处于相对被动的状态。在国际投资体制新一轮规则形成和制定过程中，如果继续缺乏对多边投资框架和协议文本明确的主张和清晰的声音，将可能导致我国在对外直接投资相关的全球治理领域失去话语权，甚至被边缘化（崔凡和赵忠秀，2013）。

第三节　本 章 小 结

本章梳理和总结了尝试探索、规范管理、引导鼓励和优化调整等不同阶段，我国对外直接投资相关政策的变迁历程，政策变迁方向吻合我国企业对外直接投资实践的发展趋向，但对外直接投资政策管理体系有时跟不上实践发展的步伐。在经济步入新常态、“一带一路”倡议提出等大背景下，我国已进入积极主动寻求国际竞争新优势的开放新阶段，21 世纪以来，尤其是 2003 年以来，我国对外直接投资已进入关键成长期，当前我国对外直接投资政策体系面临的主要问题和挑战包括：①“政出多门、多头管理”；②对外直接投资政策体系有待完善；③对外直接投资和引进外商直接投资政策有待整合；④在国际经贸规则制定中缺乏话语权，影响力较弱。

第八章　我国对外直接投资的战略方向和政策思路

改革开放以来，我国在引进外商直接投资、出口贸易发展等领域取得了巨大成功。当前，我国对外开放已进入一个新阶段，GDP、出口总量、外汇储备等已达较大规模，企业国际化经营能力不断提升，对外直接投资正进入关键成长期。在国内经济步入新常态、“一带一路”倡议提出，以及国际经济合作和竞争格局出现深刻变化等背景下，如何推动我国企业顺利“走出去”开展对外直接投资，在更高层次融入世界经济并不断攀升至全球价值链更高位次，甚至主导价值链，通过最大化我国在全球分工中的利益寻求我国技术进步、产业升级、经济转型等目标的实现？本章将基于第三章至第七章的相关分析探讨现阶段我国对外直接投资战略转变的基本方向以及政策调整的主要思路。

第一节　我国对外直接投资战略转变的基本方向

我国对外直接投资政策随着我国企业对外直接投资的实践在不断演化和调整，但如果战略方向不清晰，相关具体政策可能会出现偏差（姚枝仲和李众敏，2011）。本节从引进外商直接投资和对外直接投资政策的整合、对外直接投资和贸易政策的整合等角度，分析和诠释我国对外直接投资战略转变的基本方向。

一、整合外商直接投资和对外直接投资政策，适度加快推进对外直接投资

作为跨国资源配置的方式，引进外商直接投资抑或是对外直接投资形式上虽然看似矛盾，本质上却是一致和兼容的，一国应当根据经济发展阶段的变化及时调整政策，实现两者的最优动态平衡。根据邓宁（Dunning，1981）的投资发展周期理论，一般发展中国家的对外直接投资要经历吸引外商直接投资为主的初级不平衡、国际双向投资的中级平衡，以及对外直接投资大于吸收外商直接投资的较高层次的不平衡等不同发展阶段（谢康和于蕾，2003）。改革开放以来，我国在引进外商直接投资领域取得了巨大成就，进入 21 世纪后我国对外直接投资迅猛增长，2012～2014 年位居世界第三，2015 年位居世界第二（UNCTAD，2016），2014 年、2015 年我国对外直接投资已经逐渐超过外商直接投资（国家统计局，2016）。可以说，我国已经进入国际双向投资的新发展阶段。

多年的引进外商直接投资增强了我国的综合国力，为对外直接投资奠定了相应基础。改革开放以来，特别是 20 世纪 90 年代以来，我国引进外商直接投资取得了举世瞩目的成就，通过外商直接投资我国与世界的联系日益密切。外商直接投资弥补了我国建设资金的不足，同时引进了相关国外先进适用设备、技术和管理经验，对于促进我国经济的增长做出了贡献（谢康和于蕾，2003）。2015 年，我国 GDP 达 68.55 万亿元（人均 GDP 接近 5 万元），进出口总额接近 4 万亿美元（其中出口 2.27 万亿美元），外汇储备达 3.86 万亿美元，我国的经济规模、对外贸易、外汇储备等指标均位居世界前列（国家统计局，2016）。开放型经济的迅速发展，综合实力的不断增强，我国企业“走出去”已经具备了较强的基础。如果说“引进来”在促进国内经济发展的同时为“走出去”提供了坚实的基础，则“走出去”能够推动我国企业变被动为主动，在更高层次融入全球经济中。作为经济贸易大国，长期过度依赖外商直接投资途径被动融入国际分工体系，可能会陷入“依附经济”和“贫困化增长”的境地（Humphrey and Schmitz，2000；Kaplinsky，2001；刘志彪和张杰，2009），而通过对外直接投资主动“走出去”在更高层次上展开全球竞争与合作，可以更有效地利用“两

个市场、两种资源”，更好地实现本国的战略利益。

进入21世纪后，我国对外直接投资迅速增长，目前已进入关键成长期。适度加快推进对外直接投资，可以在一定程度上缓解长期以来我国国际收支“双顺差”带来的相关问题和矛盾，为国内一些领域的过剩产能寻找更广阔的国际市场空间，获取我国需要的自然资源以及先进技术和品牌等战略性资源，推动我国经济的转型升级。虽然早在改革开放初期，我国就曾明确提出要发展企业的跨国经营，对外直接投资管理体制等“走出去”政策亦随着经济发展阶段的变化不断调整，但在行政审批、外汇管理、金融支持、国际协调等领域仍然存在较为严重的缺陷，制约着我国对外直接投资的发展（何帆，2013）。相关政策的滞后在一定程度上与我国对外直接投资战略研究的薄弱有关，当前我国正经历着从以引进外商直接投资为主的初级阶段向国际双向投资并重的新阶段转换，但相关政策的制定和执行在战略层面并未得到充分探讨和清晰表述（谢康和于蕾，2003；姚枝仲和李众敏；2011）。“整合引进外商直接投资和对外直接投资政策，适度加快推进对外直接投资”的战略取向至少包含以下几层含义：①继续引进外商直接投资，在放宽准入、简化程序、营造良好投资环境的同时，加强对外商直接投资的引导，提高利用外商直接投资的水平和质量；②结合“一带一路”倡议等，主动推动我国优势产业和资本的输出；③整合引进外商直接投资和对外直接投资政策，推进新一轮高水平对外开放。

二、整合对外直接投资和贸易政策，不断提升在全球价值链阶梯的位次

随着20世纪后半叶世界生产分工体系，特别是90年代日益兴起的产品内国际分工的不断深入发展，通过参与全球价值链融入全球经济联系和发展对于各国（地区）来说变得越来越重要。由于构成特定产品最终价值的各个价值节点被分解成相关链条分散于全球不同国家不同区位进行生产创造，各国（地区）寻求融入并不断攀升至价值链的更高位次。对外直接投资与国际贸易是全球价值链的两种不同外在表现形式，分别以资金流、货物流的形式具象化这条隐形的价值链（白光裕和庄芮，2015）。UNCTAD

（2013）指出，相对于一国的经济规模，其利用外商直接投资水平越高，进入全球价值链的层次越高，从贸易中获得的国内增加值相对越多；对于发展中国家而言，吸引外商直接投资是其参与全球价值链并提高参与程度的重要途径。改革开放以来，特别是 20 世纪 90 年代以来，我国通过吸收外商直接投资和发展加工贸易不断融入全球价值链，参与全球价值链的广度和深度也得以不断提升，在很多行业已成为全球价值链中的重要一环（白光裕和庄芮，2015）。可以说，跨国公司主导的对外直接投资在全球范围内进行资源配置和生产，在一定程度上决定了全球价值链的广度和深度，大规模引进外商直接投资是我国快速融入全球价值链的重要原因。但是，需要注意的是，一国对全球价值链的主导权和控制力主要依赖于该国所从事的价值链生产环节具有不可替代性。发达国家即便将一部分生产环节或生产片段转移至生产成本较低的其他国家，但由于其掌握着其他国家难以替代的关键技术与核心生产环节，价值链的发展和演进依然由其掌控。另外，跨国公司的内部贸易是全球价值链中价值流转的重要形式，因此跨国公司的全球布局在很大程度上决定了全球价值链的走向。由此可见，与利用外商直接投资被动融入全球价值链不同，对外直接投资是一国（地区）主动布局全球价值链的关键举措（白光裕和庄芮，2015）。

第三章的分析显示，随着经济规模和实力的不断提升，我国已进入对外直接投资的关键成长期，在可预计的未来，我国对外直接投资将以较快的速度增长。结合邓宁（Dunning，1981）国际生产折衷理论和 Buckley 等（2007）、Ramasamy 等（2012）的研究，可按动机将对外直接投资分为市场寻求型对外直接投资、资源寻求型对外直接投资、效率寻求型对外直接投资、技术寻求型对外直接投资等。市场寻求型对外直接投资如果采取在目标市场设立商贸服务机构或构建海外市场营销网络的方式，则可以促进出口；如果对外直接投资旨在绕过贸易壁垒，则在东道国的产品生产可能会替代本国同类产品的出口。资源寻求型对外直接投资能够促进资源开发所需相关设备的出口，同时因获取紧缺资源而增加相关加工制成品的出口。效率寻求型对外直接投资通过将生产转移至成本更低的国家（地区）优化资源配置、降低生产成本、提高生产率，从而提升出口竞争力。技术寻求型对外直接投资通过学习效应、竞争效应等途径实现反向技术溢出，提高投资母国产品的技术水平和出口竞争力。第四章和第五章的实证研究揭示，我国对外直接投资不仅能促进我国出口数量的增长，而且有利于我国出口产品质量的提升。因此，通过整合对外直接投资政策和贸易政策，发挥我国产业优势，拓展海外发展空间，提升资源整合和控制能力，不断提升我国在全球价值链阶梯的位次，推动我国产业升级和经济结构优化，是现阶段我国进一步获取开放利益的切实可行的战略思路。

三、实施“走出去”战略，拓展对外直接投资发展的空间

21 世纪以来，我国开放经济出现的新现象是，出口贸易和引进外商直接投资的增速逐渐放缓，而对外直接投资则明显呈现出快速增长的趋势，2015 年我国对外直接投资按流量计已经位居世界第二，并超过引进外商直接投资（UNCTAD，2016；国家统计局，2018），在未来我国对外直接投资还将以较快速度增长。在此背景下探讨我国对外直接投资的发展战略时，还必须关注如下相关事实：①作为经济转型与体制转轨的发展中大国，我国企业在国际资本市场是“后起之秀”，现阶段我国众多企业在技术、专利、品牌等领域似乎并不具备“企业特定优势”（裴长洪和樊瑛，2010），与竞争对手相比在全球范围内整合资源的视野、经验和能力有所欠缺，诱发和刺激其跨国经营的诸多国家层面的宏观因素、制度条件、国际政治经济关系也和一般发展中国家存在差异（乔晶和胡兵，2014）。②中国已经在贸易领域崛起为世界出口第一，大国特征逐渐显露，必须深刻认识和理解对外直接投资与国际贸易间的互动关系，并做出前瞻性的统筹考虑和综合安排，才能顺利实现由贸易大国向贸易投资大国的平稳转变。另外，从外部环境来看，全球金融危机之后，一些国家反全球化的趋势有所抬头，投资政治风险、投资安全审查、国际投资贸易规则的重构出现了一些不利于我国的变化，这些因素单靠企业无法解决。

十八届三中全会提出，“必须推动对内对外开放相互促进、引进来和走出去更好结合，促进国际国内要素有序自由流动、资源高效配置、市场深度融合，加快培育参与和引领国际经济合作竞争新优势”，力争实现更高层次、更多维度、更多联动的开放格局。随着 2015 年《推动共建丝绸

之路经济带和 21 世纪海上丝绸之路的愿景与行动》的发布，我国“一带一路”倡议得以推进。结合“一带一路”倡议等，拓展企业国际发展的空间：一方面，切实深化与沿线国家的广泛经贸合作，努力营造良好的外部发展环境，着重加强“一带一路”相关国际产能合作等的落实，发挥我国在制造业相关领域的产业优势和资本优势，布局以我国为主导的区域生产分工乃至全球产业链体系；另一方面，统筹国内的经济转型升级与“一带一路”沿线重点区域的投资布局，推动对拥有高端要素和消费市场的发达国家（地区）的资源配置，以及与我国比较优势互补的发展中国家（地区）的投资合作，切实促进我国产业链的完善和升级（毕吉耀，2016；宗芳宇，2016）。

四、适应并影响国际投资规则，寻求对外开放的新优势与新利益

很长时期以来，我国一直是吸引外商直接投资最大的发展中国家，进入 21 世纪后我国频繁以对外直接投资者的身份活跃于国际舞台，“中国收购世界”的新闻在各类报道中被广泛提及（乔晶和胡兵，2014）。2015 年，我国对外直接投资按流量计位居世界第二，并超过引进外商直接投资（UNCTAD，2016；国家统计局，2018），成为资本对外净输出国。相比以往，我国越来越关注国际投资规则及境外投资的利益保障等问题。虽然经过 20 世纪后半叶的不断发展和演变，但目前国际投资规则并未形成一个统一的全球投资协定，而是依赖于一个以多边投资协定、特惠贸易与投资协定，双边、区域与多边投资协定共存的规则体系。近年来，为了维持在全球经济格局中的优势地位，美国、欧盟等发达国家（组织）启动并主导了一系列贸易和投资谈判，随着谈判的逐步深入和部分框架协议的达成，新的国际经济规则初现端倪，如推行更高标准的贸易自由化，积极推进投资自由化，更加强调服务贸易自由化、公平竞争和权益保护等（马振涛和章文光，2015）。

我国已同世界上 150 多个国家（地区）签订了双边及多边协议，但与重要的贸易投资伙伴美国、欧盟仍未签署双边协定（石静霞，2015）。在新一轮区域贸易投资协定谈判中，中国面临被边缘化的危险，必须主

动出击，创造条件，积极参与国际经济新规则的谈判与制定；以我为主，设计平衡各国利益的国际贸易投资规则新标准。适应国际规则变化的新要求，完善国内投资环境和法律法规，尤其是在涉及相对发展中国家“相对超前”的议题（如国有企业、知识产权、劳工保护、金融服务、环境保护等）时，要尽早做好准备，提高我国在新一轮国际规则体系中的话语权。在实践层面，应继续扩大自由贸易区试点范围，探索本国与国际新规则接轨的体制与模式，尝试“前国民待遇+负面清单”的国际投资规则模式；保护东道国利益，约束投资者不正当行为；梳理现有双边、区域与多边协定，制定内容和标准统一、具有广泛代表性的投资协定；保持投资协定谈判的开放性，在各方博弈中寻求适合自身利益最大化的决策行为（李玉梅和桑百川，2014）。

为我国对外直接投资创造良好的国际环境，充分保护企业的境外直接投资利益，在新贸易规则、新投资标准和范式酝酿过程中，我国应把握世界经济贸易投资的新趋势，积极参与新规则的制定过程，充分利用世界最大贸易国和第二大经济体的影响力，力争在贸易投资规则制定中发挥关键、积极作用并发出自己的声音，让国际贸易投资规则更好地推动我国企业的境外直接投资。以美国、欧盟为首的发达国家（组织）在传统国际贸易投资规则的制定上居于主导地位，传统规则更多地体现发达国家（组织）的意志和利益诉求。在新贸易投资规则的制定上，多方力量在不同层面上进行博弈以追求国家利益最大化。我国应先由点及面，多头并进，通过双边、多边谈判积极融入新贸易投资规则的制定。以“一带一路”倡议为纽带，充分利用我国世界进出口大国和资本优势，加快建设我国周边及“一带一路”沿线国家（地区）的贸易投资自由化机制、规则范式，在新贸易投资规则制定中要反映出我国的利益诉求，促进我国经济和贸易发展。积极参与国际性贸易投资规则的制定，积极完成从参与者到制定者的角色转变，为维护海外利益提供更多制度保障。对符合国际共识的投资和贸易，提供人力、物力和智力支持，并搭建规则制定的有效平台和渠道，如召开国际贸易投资会议、促进政府间及非政府间对话等。

第二节　我国对外直接投资政策调整的主要思路

第一节基于对外直接投资的出口数量和质量效应的实证结果，以及对外直接投资先行国家的经验和启示等的分析，剖析和诠释了未来我国对外直接投资战略转变的基本方向。未来，我国对外直接投资不仅要继续保持适度快速增长，还要在推进投资质量提升的基础上，统筹国内发展和对外开放，使对外直接投资的适度快速增长有利于我国的经济发展和结构调整，最终实现我国长期发展的目标。围绕战略转变的基本方向，本节着重分析和探讨我国对外直接投资政策调整的主要思路。

一、顺应国际国内环境的变化，推动对外直接投资适度快速增长

1）继续打出我国政策包组合拳，为企业境外投资保驾护航。改革现有企业对外直接投资的审批制度，除涉及国家重大战略投资或敏感类投资外，境外投资项目和企业设立的审核改事前审核制为备案告知制，简化审批程序，缩短审批时间，降低制度交易成本，进一步提升对外直接投资企业通关效率，为其物资设备和人员出入境提供“绿色通道”；继续为企业对外直接投资提供金融、税收、汇兑、保险支持，创新服务内容和方式。转变政府职能，除日常必要的领事服务外，积极为在外企业提供政局态势、风险预警、信息咨询、法律制度等服务，同时搭建信息互通平台以便企业间交流。

2）鼓励地方企业走出国门，和中央企业共同发挥对外直接投资的规模效应。中央企业是我国企业“走出去”的主力军，长期主导着我国对外直接投资格局。独自在海外经营开辟市场时，中央企业不仅面临着投资目的国企业的直接竞争，还要和来自全世界其他地区的跨国公司同场竞技。在国际市场竞争时，往往会面临人才、市场、资源、信息、技术等掣肘，其

促进我国经济发展的效应并未完全释放出来。地方企业“走出去”，在国际市场上和中央企业并肩作战，通过完善和中央企业对接合作机制，实现人才、技术、管理等优势互补，补齐上下游产业链中的短板，实现生产率的极大提高。只有实现中央企业、地方企业双轮驱动，才能在国际市场上用较高的利润来补偿对外直接投资的沉没成本(Melitz,2003;Yeaple,2009)。因此，地方企业“走出去”，有利于提高企业在国际市场的整体竞争力，有利于发挥我国企业境外投资的规模效应。

3）积极利用现有国家层次的对外合作平台，加快企业“走出去”步伐。国家举办博鳌亚洲论坛、“一带一路”论坛、中非合作论坛、中欧论坛汉堡峰会等平台的目的之一，是致力于为域内及域间的企业经济合作交流提供服务。作为国家层次对外合作的另一重要平台，中国境外经贸合作区也是企业对外直接投资的重要落脚点。合作区为我国企业境外投资提供全方位信息咨询服务，各种硬件配套设施较为完备，企业入驻可快速融入当地市场。因此，可推动企业充分利用现有相关高层次平台，把握战略机遇期，加快对外直接投资的步伐。

4）充分发挥行业协会等非政府组织的作用。国际市场形势的发展日新月异，虽然政府主导的相关组织或平台在企业对外直接投资方面发挥了重要作用，但也不能忽略非政府组织的功能效应。在某种程度上说，行业协会等非政府组织是政府管理的外延，可以分担政府的某些角色，对境外企业进行管理、监督和协调。更为重要的是，相较于政府主导的相关组织或平台，非政府组织在具体微观行业的生产供应链管理、技术标准构建、产品议价、市场营销体系构建、人才培养、行业信息情报搜集等方面可提供更多事务性帮助，方便成员共同发展、共享利益。

5）以龙头企业为引领、完善产业链布局、形成集群为契机，带动更多企业“走出去”。行业龙头是行业标杆，龙头企业在境外投资可以对行业内其他企业形成强烈的引领示范作用。通过与龙头企业进行多层次交流学习，不仅可以有效弥补企业对外直接投资经验不足，熟悉东道国相关法律、市场、风险等环境，还可以标杆企业境外投资的成功实践，为其他企业境外投资树立信心。同时，积极提高产业配套能力，加快产业链条的延伸。积极围绕龙头企业相关领域，带动国内相关企业走出国门，深度参与企业境外产业链整合，从产品研发、生产、销售、服务等环节形成整体配套，发挥企业产业链布局的规模效应和溢出效应。企业对外直接投资除了受东道国经济发展水平、贸易开放程度、资源状况等条件影响外，母国企业在东道国形成的集聚也是吸引企业对外直接投资不可忽视的因素（余官胜和林俐，2015）。因此，应积极推动我国企业境外集群式发展来吸引国内更多企业“走出去”。

6）积极参与国际政治经济合作，为企业“走出去”拓宽对外直接投资空间。以更加开放的心态、更宽泛的全球视角积极参与国际政治经济合作，继续加强开拓主要发达国家市场，积极开拓新兴市场及一切有机会的市场，使我国对外直接投资在全球逐步形成多元化、有层次、布局较合理的格局，为我国开放经济稳步发展、产业结构不断升级和经济的长期增长提供动力。具体而言，在与发达国家（地区）管控政治存在分歧的前提下，发展与美国、日本、欧盟等发达国家（组织）的经济联系，减少贸易摩擦；积极参与俄罗斯、印度等新兴经济体对话机制，加强经贸对话合作；重视中非等广大亚非拉国家的传统友好关系，在政治友好互信的前提下，积极发展经贸联系，为企业“走出去”创造良好的政治环境；大力发展双边、多边、自由贸易区谈判，为企业境外投资营造自由氛围。

二、优化投资模式、结构、布局，促进对外直接投资提质增效

我国已成为对外资本输出大国，对外直接投资不仅是实现资本要素全球配置的需要，还是一国产业结构持续优化升级的内在动力（陈建奇，2014）。然而，目前我国对外直接投资在模式选择、投资结构及区域分布上存在不合理之处，导致对外直接投资质量不高、效率低下，反过来又制约着我国对外直接投资的进一步发展。因此，调整投资模式、优化投资结构、布点投资区域，对对外直接投资提质增效意义重大。

（一）调整投资模式

对外直接投资主要有绿地投资和跨国并购两种形式，前者主要是在东道国新建或扩建企业，后者主要是通过购买目标企业的股份取得经营管理

权。绿地投资需要雄厚的资金支持，民营企业在融资、汇率等方面面临各种制约，而以国资为背景的对外直接投资，在并购的商业动机、竞争行为的公平性方面往往受到东道国的质疑，这显然增加了国有企业并购的难度。因此，企业对外直接投资要因地制宜地根据企业性质选择合适的模式，最终带动对外直接投资提质增效。

1）国有企业要扩大对外绿地投资规模，转移国内过剩产能，为结构调整释放空间。绿地投资对投资主体的性质并无过多限制，但通常需要雄厚的资金，且建设周期较长，因而国有企业一般更有可能采取绿地投资方式。通过绿地投资向境外转移落后产能或产业，改善出口贸易条件，可以释放更多的生产要素发展优势产业，加强科技研发，提升价值链位次，带动国内相关产业升级。因此绿地投资既可以促进对外贸易的发展，也可以带动我国产业结构的调整升级（Kojima，1978）。

2）民营企业要加快海外并购力度，完善全球价值链布局。依托非国资背景，在一定程度上可以避免东道国的猜忌和疑虑，通过直接并购获取投资目的国的市场资源、技术资源、智力资源、研发机构来实现价值链的提升。打破技术壁垒，深入技术源地，要尽量靠近研发投资集聚地或先进技术溢出源投资设厂，通过对先进技术的模仿跟踪、吸收消化，提高我国企业的原创性创新能力和学习吸收能力，获取国外最新技术成果实现本国的技术进步，从而促进产业结构的优化升级。充分利用东道国智力资源、研发机构，属地化运作优质资源，要“借脑纳智”来整合高端人力和智力资源提升整体研发水平，实现技术升级。和绿地投资相比，海外直接并购可快速获取投资目的国的专利技术、市场资源，更有利于促进结构调整升级（陆长平和周云峰，2016），实现对外直接投资整体质量水平和经营绩效的提升。

（二）优化投资结构

对外直接投资作为我国参与国际经济合作的重要方式，不仅体现了资源优化配置、生产要素自由流动的诉求，还是国内结构调整实现经济转型的重要推动力量。对外直接投资既要注意避免国内产业空心化对国内经济运行的冲击，又要重视提升对外直接投资质量对经济发展的促进作用。

1）投资战略性新兴产业。战略性新兴产业在国民经济体系中的作用举足轻重，事关国家经济、军事安全、国计民生，因此应充分利用我国充裕的外汇资金来保障我国战略性行业的安全。着眼于国家安全总体战略部署，在继续对能源、核能、航天航空等传统战略性行业支持的前提下，更加重视对新能源、新材料、信息技术、生物工程、智能机器人、节能环保等战略性新兴产业的投资。在充分利用资本、技术对外直接投资的同时，积极开拓国际市场增长空间，带动国内相关装备技术的发展和服务标准的完善，增强我国企业在国际市场中的竞争力，进一步带动相关设备和服务出口，形成良性循环。总之，重视境外战略性新兴产业，既是在新一轮全球经济发展中抢占先机、实现经济发展动能转换的主要途径，也是推动对外直接投资提质增效的重要内容。

2）拓宽高新技术行业投资。放眼未来，高新技术凭借其发展速度快、渗透力强的特点成为我国经济发展的重要推动力量，在结构调整中发挥着关键作用。当前，新一轮科技革命和产业变革正在孕育兴起，新旧技术转换、颠覆性技术不断涌现，产业化进程加速推进，更多的国家（地区）开始强化科技促进产业转型升级，推动经济社会发展。然而，我国科技创新基础薄弱，原创力不足，在价值链分工中处于低位次。在我国结构调整产业转型升级之际，对核心技术摆脱受制于人、依赖于人的渴望比任何时候都要迫切。在密切关注跟踪世界高新技术发展趋势的同时，加大对境外高新技术的投资力度，一方面，可以培养壮大相关产业的发展，促进技术积累、人才储备；另一方面，可以打破美国、欧洲等发达国家（地区）对我国实施的高科技禁运，使得国内急需的大量技术装备得以入国内，从而促进经济发展。

3）鼓励对技术密集型产业进行投资。随着国家经济的持续发展，资金不足的瓶颈已得到改善，以技术驱动的结构调整将成为我国未来经济发展的主旋律。由于种种原因，我国对外直接投资主要以能源、原材料驱动为主，在全球价值链分工中位次较低，这种不利状况使得我国产业容易受到高端链主（主要为跨国公司）的俘获和控制，不利于对外直接投资经营绩效的提升。因此，首先需要在国家层面做好顶层设计，并出台信息服务、金融财政等相关配套政策服务措施，同时及时向企业提供行业动态和未来发展方向，积极引导并鼓励企业向科技发达、创新人才丰富的发达国家（地区）进行投资，充分利用国际市场上丰富的创新资源，引领创新、占领创新制高点。其次，激励企业提升国际视野，让国内国外两种资源充分发挥规模效应。对外直接投资企业既要加强自身创新能力建设，同时，还要充分挖掘东道国创新资源实现技术积累，带动对外直接投资质量的提升。

4）加大对高端制造业投资的倾斜力度。我国虽然是制造业大国，但大多处于价值链的低端，附加值和科技含量低，很多关键技术都掌握在国外企业手中，使得我国企业在国际市场上竞争力不足，这制约着我国对外直接投资能力的提升。因此，要高度重视对外直接投资高端制造业在提升对外直接投资质量中的“助推器”作用。国外实践表明，低端制造业投资在经济发展初期对企业资本的原始积累起着积极作用，但随着产业升级换代，低端制造业的边际拉动作用逐渐降低，反之，高附加值的高端制造业对增加企业经营绩效的引领作用表现突出。对外直接投资的提质增效调整意味着制造业投资由低端走向高端，在价值链分工中获取较多的利润空间，可促进国内结构调整更好地发挥出辐射效应（陈建奇，2014）。为充分释放对外直接投资对促进企业提升价值链、拉动国内结构调整的辐射效应，应加大对国外高端制造业的投资力度。

（三）布点投资区域

投资区域的选择既是企业进行对外直接投资时考虑的因素，也是重要的战略决策，直接决定了对外直接投资的风险和成败（Dunning，2009）。不同的国家在劳动力成本及教育水平、市场潜力、法律制度、人文环境、国家战略中的角色定位等千差万别，均会影响对外直接投资的质量和经营绩效。在当前我国对外直接投资布局日益全球化的今天，忽视区位因素会造成企业的巨大损失。因此，在和国家总体战略对接的前提下，充分考虑到东道国的国情因素，并结合企业自身状况匹配相应的市场布局，对提升对外直接投资的质量和经营绩效大有裨益。

1）和国家总体战略无缝对接。目前，我国正处于经济结构调整转型中，一方面，国内市场日益饱和并造成大量的产能过剩；另一方面，产品竞争力低下且附加值低，很难在发达国家（地区）有生存空间。为充分利用国外资源，打开国际市场，提高我国企业在国际市场的核心竞争力，我国提出"一带一路"倡议等，并在战略框架内配套金融、税务、汇率、信息服务等多种鼓励政策措施。因此，对外直接投资不仅要以国家政策为导向，在战略区域内积极布点，扩大国际产能合作，加快优势产能向东道国转移，还要在当地建立研发部门，吸引东道国人力资源，引导企业履行社会责任，提高经营管理和风险控制水平。同时，还要以此为契机，推动"中国制造"带出国门，实现企业境外投资的本地化。

2）积极布局发达国家（地区）。发达国家（地区）市场机制较健全，市场竞争激烈，市场规模巨大，引领着国际科技的发展方向。更为重要的是，法律制度环境较为稳定，企业在经营管理过程中面临的不确定性风险较小，可以迅速提升企业形象，提高经营管理水平。因此，应鼓励技术获取型和研发类投资积极在发达国家（地区）进行投资布局，通过发达国家（地区）先进的智力资源实现知识技术积累，促进企业竞争力提升，从而对母国的结构调整和对外贸易产生正向效应。同时，在发达国家（地区）成功的投资经验，有助于熟悉并利用国际贸易规则，减少不必要的摩擦，为在其他地区进行投资活动提供参考。

3）向有投资保护协定的地区倾斜。双边投资保护协定是指双方政府约定的、向投资企业提供保护的法律制度安排，并对投资的准入、享受待遇、争议协商机制有明确的规定。随着发展中国家间投资保护协定内容体系的日臻健全，投资保护协定在促进母国向东道国进行投资方面发挥着越来越重要的作用（宗芳宇等，2012）。一般而言，政治不稳定且市场机制不健全的国家（地区）拥有丰富的自然资源和巨大的市场潜力，劳动力成本低下，但由于市场制度不健全，企业往往面临着很多不确定性的风险，企业投资的合法权益往往得不到保障。因此，为降低政治动荡等不稳定性带来的损失，可鼓励企业向与我国签订投资保护协定的国家（地区）进行投资。

三、加强政策体系建设，完善对外直接投资的服务和保障机制

目前，我国对外直接投资政策体系存在"重审批、轻监管"，原则性政策多而事务性、服务保障性政策少的现实，不利于企业对外直接投资长期健康发展。因此，针对上述问题，加强对外直接投资政策体系建设应重

点把握以下方面。

（一）简化审批，强化监管

企业办理对外直接投资的程序过于复杂，审批时间较长且经济成本较高，无形中降低了企业的国际竞争力。因此，需要对现有企业对外直接投资的程序进行精简，缩短审批时间，创新审批方式，取消不必要的审批收费项目，着实降低企业投资成本。在简化审批的同时，还需强化对企业的境外投资监管，对不同的投资主体采取不同的监管措施。防范国有资产流失是国有企业监管的主要内容，国务院国有资产监督管理委员会作为国有资产出资人的代表，应将国有企业投资母体作为监管重点对象，防范国有资产境外流失。此外，对民营企业的监管是薄弱环节，因此应完善民营企业的监管政策。对民营企业对外直接投资的审核方式采用事后备案并全程监控，重点防范资本外逃、境外非法经营等。同时，对所有对外直接投资企业进行跟踪统计，确保数据的准确性和全面性，为国家制定相关政策提供依据。此外，为增强企业境外投资监管的合法性、有效性，应加快完善相关法律法规、制定经济及行政处罚措施等。

（二）充实对外直接投资政策内容

随着更多国内企业出境在全球范围内积极构筑自己的产业链，提升自己在全球价值链中的位次，企业在对外直接投资过程中迫切需要具体事务性的指导政策，以降低决策失误成本。在坚持基本原则的同时，应更多地考虑制定可行的、具体的、服务性的对外直接投资指导政策。在企业“走出去”的同时，可借鉴国外成熟做法，围绕企业组团式“走出去”，打造并完善对外直接投资的产业链，通过政策的引导，积极鼓励企业对境外设立的经贸合作区进行投资。总之，境外经贸合作区政策的实施为企业“走出去”提供了重要平台，与“单枪匹马”在国外投资相比，组团式“走出去”各种成本相对较低。在经济形势恶化时，可以抱团取暖；在经济形势乐观时，可以发挥规模效应。对这类组团式出境投资企业，要在金融、财税、审批等方面予以倾斜。对于产能过剩行业，鼓励企业向国外转移过剩产能，综合利用引进外商直接投资和对外直接投资实现国内产业结构调整与升级。

（三）完善投资服务和保障机制建设

为满足企业的诉求，政府在制定对外直接投资政策时，应转变政府职能，建设服务型政府，为企业海外经营和国际化发展提供优质服务。企业在对外直接投资中需要各种服务，提供服务的主体既有政府机构，也有商业机构。但是，两类机构提供的服务性质不同，政府机构主要提供宏观层面的无偿服务，减少企业境外投资的风险，为企业对外直接投资提供安全保护，如贸易投资保护、双边或多边争端解决机制、公共信息服务、投资国环境报告、企业商机等；商业机构主要是按企业的需求提供微观具体的、有偿的服务，如项目对接服务、风险评估服务等。只要市场提供不了的服务，就需要政府来提供。此外，政府需要为境外企业搭建一些公共平台（如政府平台、民间平台等），使得在境外投资的企业得以充分沟通。基于地缘关系或行业关系，可考虑在投资国建立一些商会、同乡会、行业协会等类似的组织平台，在这些平台的构建中，多方力量都可以发挥积极的建设性作用。此外，还可以采取政府积极参与，但以民间力量为主的模式为企业提供服务。

四、坚持制度创新，深化体制改革，推动内外经济的协调发展

（一）坚持制度创新，为企业对外直接投资创造良好的政策环境

大力发展资本市场体系，提高企业直接融资比例，规范各项交易制度，降低企业融资成本，为企业“走出去”提供雄厚资金。在全球金融一体化趋势日渐明显的背景下，创造更有活力、规范化、市场化的、更加开放且抗风险能力较强的投融资体系。改善外国人居留制度，促进优秀的国际化人才跨国交流。加大知识产权保护力度，完善社会信用体系建设，建立信用黑名单制度，提高失信成本。加快涉外法律和国际贸易规则的接轨，提高政府治理水平，降低企业境外经营风险，提高经营绩效（周经和刘厚俊，2015）。

（二）建立统一、开放、竞争有序的大市场

在全国范围内逐渐打破地域和市场分割，促进人才、资本、技术等生产要素在全国范围内自由有序流动，推动全国统一大市场的形成，促进资本、劳动、技术等要素在国内的自由流动，充分利用“两种资源、两个市场”，更好地带动我国企业“走出去”。较高的市场化水平，意味着市场发挥资源配置的基础性功效越突出，各经济主体从利润最大化视角推动对外直接投资的积极性越高（郑展鹏和刘海云，2012）。因此，我国各地区尤其是中西部地区，要抓住“一带一路”契机，加快推进本地市场化进程，更好地促进企业对外直接投资。

（三）坚持科技创新驱动，为价值链位次攀升提供技术支撑

坚持科技创新驱动的核心是解决创新驱动动力机制问题。科学研究是对未来未知事物的积极探索，并无规律可循，每次付出不一定都会有收获。因此，对于进入无人区有强烈责任心、爱国心的科技工作人员，不能以失败否认他们的努力。以市场为主导，充分发挥科技工作者的聪明才智，从法律制度上给予广大高校、科研院所等机构科技工作人员更大自主权，并允许他们通过智力支持获得一定的经济回报，努力营造想创新、敢创新的市场环境。在涉及投资周期长、收益低、风险大的战略性、前瞻性的科技创新时，一般企业参与意愿低，因此，需要政府积极参与，联同相关高校、科研院所实施重大科技攻关，占领科技发展制高点。总之，要充分发挥科技创新的溢出效应，增强企业在国际市场的竞争力，提升其在全球价值链中的位次。

（四）加快建立现代企业制度的步伐

进一步深化国有企业改革，对在不同行业、领域的国有企业进行精确分类定位，提高国有企业在境外市场的竞争力。健全公司法人治理结构，提高公司决策的科学性。结合国家经济发展战略，对国有企业境外投资进行整体布局调整，提高发展质量和效益。增强国有企业社会责任感，特别是在涉及东道国的人文、自然环境、安全等领域和范围加强自我约束，减少贸易摩擦。同时，民营企业作为对外直接投资的生力军，在竞争日趋激

烈的国际市场更应该在规范经营管理、提高企业绩效、完善公司治理结构等方面建立现代企业制度，积极在境外投资参与国际竞争。

（五）创新人才培养机制，为企业竞争提供智力支持

人才是企业的生存之本，关乎着企业能否“走出去”和“走多远”。优秀人才可以显著提高企业在市场的竞争力，在市场竞争中占据主动权。然而在我国企业大规模积极“走出去”的同时，国际人才不足成为制约企业进一步“走出去”“走多远”的重要因素，因而要对人才兴企、人才强企给予高度重视。一方面，从母公司内部深挖人才，强化内源式人才培养。加大对人才培养的物质、财力、技术支持力度，强化人力资本积累，大力培养具有国际化素质的金融、技术、营销、法律等复合型人才，强化人才溢出效应，推动国内结构升级。另一方面，东道国拥有丰富的人力资源，东道国人才深谙该国的传统、法律、风险、市场等影响企业经营的环境因素，因此，应积极推进在东道国的智力引进工程，在东道国广纳良才，有利于减少贸易摩擦，提高企业境外知名度和市场占有率。

（六）创新对外直接投资方式

在全球化背景下，对外直接投资是开辟新市场、获得先进技术信息、规避贸易技术壁垒的最优选择，但投资方式的选择关乎着对外直接投资的成功与否。不同类型的企业在对外直接投资时，要结合企业自身的技术优势、所处行业的特征事实、东道国的国情制度等与对外直接投资方式进行匹配，充分发挥自身的比较优势。例如，在法律等正式制度差距比较大的国家进行并购投资，不仅会提升企业并购后的管理成本，还会影响并购后的企业整合效率，很难实现并购后利润最大化。因此，在母国和东道国正式制度差距比较大时，对外直接投资宜采用新建企业而非直接并购（周经和张利敏，2014）。

（七）构建对外直接投资风险预警机制

随着我国企业对外直接投资步伐的加快，越来越多的企业积极参与境外投资。但是，当前国外逆全球化和贸易保护主义思潮抬头，针对我国企

业投资的审查和限制壁垒逐渐增多，企业境外投资时面临的政治风险和不确定性大大增加（谢孟军，2015）。因此，应以政府为主、企业为辅从宏观和微观两个层面加强风险预警制度建设。其一，良好、和谐、密切的政治关系可显著降低投资风险，为对外直接投资建立激励、促进和保护机制（潘镇和金中坤，2015）。政府应充分利用与东道国之间畅通的政府间合作对话，收集信息，及时了解国家政治动态，法律信息，以及金融、汇率状况，建立风险评估机制，为企业投资决策提供及时准确的信息，并就可能的风险向企业预警。其二，企业应及时收集相关机构发布的风险预警信息，结合东道国市场行业动态等情况进行风险评估，做好应对方案，最大限度地防范风险。

第三节　本 章 小 结

改革开放以来，我国在引进外商直接投资、出口贸易发展等领域取得了巨大成功，目前已进入积极主动对外直接投资的开放新阶段。对外直接投资，尤其是价值链拓展型对外直接投资已成为我国深度参与全球资源配置、调整国内经济动力和结构的重要方式。从最大化我国在全球价值链分工中的利益并达成我国技术进步、产业升级、经济转型等目标的角度，我国对外直接投资战略转变的基本方向如下：①整合引进外商直接投资和对外直接投资政策，适度加快推进对外直接投资；②整合对外直接投资和贸易政策，不断提升在全球价值链阶梯的位次；③实施“走出去”战略，拓展对外直接投资发展的空间；④适应并影响国际投资规则，寻求对外开放的新优势与新利益。对应于战略转变，政策调整的主要思路包括：①顺应国际国内环境的变化，推动对外直接投资适度快速增长；②优化投资模式、结构、布局，促进对外直接投资提质增效；③加强政策体系建设，完善对外直接投资的服务和保障机制；④坚持制度创新，深化体制改革，推动国内国外经济的协调发展。

第九章　结论与展望

第一节　研究结论

21世纪以来，尤其是2003年以来我国对外直接投资展现出了迅猛增长的势头，在世界经济正发生深刻而复杂的变化，风险和不确定因素增加，以及我国经济步入增速换挡、结构优化、动力转换的新常态等背景下，对外直接投资已成为我国深度参与全球资源配置、调整国内经济动力和结构的重要方式，特别是价值链拓展型对外直接投资符合我国企业发展的内在需求，有利于我国的产业升级、结构优化和长期增长。本书针对我国贸易发展已经取得的数量世界第一、质量有待提升，以及对外直接投资已经进入关键成长期的特征事实，从对外直接投资的（出口）贸易效应切入，尝试揭示和剖析我国对外直接投资的迅速增长如何影响我国出口贸易的数量扩张和质量提升，进而探讨和诠释我国对外直接投资战略转变的基本方向和政策调整的主要思路。本书研究的主要观点和结论如下：

1）我国对外直接投资存量相对于我国经济体量和规模而言处于世界较低水平，进入21世纪后投资流量增长迅速，在可预计的未来还将以较快的速度增长。整体来看，近年蓬勃发展的我国对外直接投资呈现出投资不足而非投资过度状态，随着我国对外直接投资进入增速较快的关键成长期，投资不足的程度不断趋向缓解。我国企业对外直接投资的一个重要目的是加强国内生产，提高企业的技术水平和竞争实力，进而拓展国际发展空间。我国企业的对外直接投资契合新常态下我国企业发展的内在需求，已成为我国深度参与全球资源配置、调整国内经济动力和结构的重要方式，结合

"一带一路"倡议等在政策上因势利导地推动我国企业对外直接投资是明智的战略选择，而对外直接投资过度及其可能导致的国内产业空心化等问题目前尚不足为惧。

2）现有关于对外直接投资如何影响（出口）贸易的理论和文献存在"替代论""互补论""不确定论"观点，针对一个特定国家的特定发展阶段而言，这一问题更多是一个实证问题。通过整合"中国工业企业数据库"和"境外投资企业（机构）名录"数据形成新的微观数据集，运用倾向得分匹配和倍差法展开实证研究。结果表明，我国企业对外直接投资可促进出口数量的增长，商贸服务型对外直接投资的出口促进效应显著，当地生产销售型对外直接投资可能带动资本品等的出口。在改变样本匹配方法和模型设置以及控制加工贸易等情形下，我国企业对外直接投资的出口贸易促进效应的实证研究结论相当稳健。

基于"中国工业企业数据库"企业出口交货值微观数据测算的我国各省份以出口技术复杂度定义的出口质量的结果揭示，各省份本土企业出口质量普遍低于外商投资企业出口质量，但本土企业出口质量不断提升并呈现出对外商投资企业的追赶态势。一系列逻辑一致的面板计量分析揭示，外商直接投资抑制而对外直接投资促进本土企业出口质量的提升。与"以我为主、为我所用"的对外直接投资相比，在外商直接投资模式下，本土企业"被动参与、被动融入"由外商主导的全球分工价值链，当本土企业出口质量接近甚至赶超外商投资企业出口质量时，外商直接投资对本土企业出口质量呈现出显著的抑制效应。

3）美国是进行对外直接投资较早的国家之一，其对外直接投资大致经历了初级发展、渐进发展、快速发展及稳定发展等不同发展阶段，另一个具有代表性的对外直接投资先行国家日本大致经历了快速增长、急剧膨胀、平稳发展、调整恢复等不同发展阶段。通过梳理和分析美国、日本对外直接投资实践的发展历程和不同阶段的相应国家政策，总结和归纳其经验教训，提炼出对我国对外直接投资发展的启示如下：①制定清晰的对外直接投资国家战略；②加强监管和引导，防范对外直接投资风险；③建立较完善的政策支持服务体系；④培育具备实力的对外直接投资企业。

4）我国对外直接投资相关政策体系不断调整和完善，从改革开放至今大致经历了尝试探索、规范管理、引导鼓励和优化调整等不同阶段，政策的变迁方向吻合我国企业对外直接投资实践的发展趋向，但对外直接投资政策管理体系有时跟不上实践发展的步伐。当前面临的主要问题和挑战包括：①“政出多门、多头管理”；②对外直接投资政策体系有待完善；③对外直接投资和引进外商直接投资政策有待整合；④国际经贸规则制定中缺乏话语权，影响力较弱。

5）对外直接投资尤其是价值链拓展型对外直接投资已成为我国深度参与全球资源配置、调整国内经济动力和结构的重要方式。从最大化我国在全球价值链分工中的利益并达成我国技术进步、产业升级、经济转型等目标角度，我国对外直接投资战略转变的基本方向如下：①整合引进外商直接投资和对外直接投资政策，适度加快推进对外直接投资；②整合对外直接投资和贸易政策，不断提升在全球价值链阶梯的位次；③实施“走出去”战略，拓展对外直接投资发展的空间；④适应并影响国际投资规则，寻求对外开放的新优势与新利益。对应于战略转变，政策调整的主要思路包括：①顺应国际国内环境的变化，推动对外直接投资适度快速增长；②优化投资模式、结构、布局，促进对外直接投资提质增效；③加强政策体系建设，完善对外直接投资的服务和保障机制；④坚持制度创新，深化体制改革，推动国内国外经济的协调发展。

第二节 研究展望

改革开放之初，无论是各种国际贸易理论，还是当年人们的认识，都没有充分预计到我国出口贸易取得的惊人成就（胡兵和乔晶，2011），考虑到我国的经济体量和规模，以及已经展现出的企业“走出去”的增长势头，未来我国企业的对外直接投资也将对我国经济发展和世界经济格局演变产生深远的影响。本书仅仅针对21世纪以来，我国对外直接投资迅速增长的特征事实，以及我国贸易发展已取得的成就和面临的问题，从对外直接投资的（出口）贸易效应切入，旨在通过实证分析从数量和质量视角，探究我国对外直接投资的迅速增长如何影响我国出口贸易的数量扩张和质量提升，进而结合先行国家的经验和我国相关政策的变迁，探讨和剖析当前我国对外直接投资战略转变的基本方向和政策调整的主要思路，尚有诸多维度的问题有待后续进一步的深入研究。

第一，相关文献已经指出，对外直接投资的贸易替代抑或是互补效应与对外直接投资的阶段和规模（Bergsten，1974）、动机和类型（Schmitz and Helmberger，1970；Gray and Dawn，1998）等多种因素有关。本书第四章、第五章的实证研究部分主要针对我国企业对外直接投资呈现迅猛增长势头的"初级阶段"的相关样本和数据展开，此阶段的投资增长速度迅速，扩张国内生产链条、延伸全球分工价值链的诉求强烈。随着时间的推移，我国企业在相关制造业领域将逐渐从全球价值链的参与者向价值链的主导者转变。另外，我国经济相对落后地区生产成本的逐步上升将压缩产业在我国内部转移的腾挪空间，未来转移生产能力为目的的投资有可能逐渐替代价值链拓展型投资成为我国企业对外直接投资的主要形式（姚枝仲和李众敏，2011），因此，对外直接投资对（出口）贸易的促进作用可能会发生逆转，相应的贸易投资等宏观政策也需重新审视和评估。

第二，本书的研究范围限定在我国对外直接投资的货物（出口）贸易效应，实证分析考察的主要是我国对外直接投资如何影响我国工业品出口（占据我国出口 95%左右的份额）的数量增长和质量提升。随着世界各国服务业相关领域重要性和开放度的不断提升，以及跨国公司服务外包等业务的日益活跃，服务业相关投资和服务贸易的发展将对各国在全球分工产业链中的地位和利益产生越来越重要的影响，与此相关的诸多问题需要得到持续深入的研究。

第三，一国对外直接投资的发展与其货币国际化进程存在紧密联系，对外直接投资既影响本国货币国际化的推进，又受到本国货币国际化程度的较大影响。展望未来，随着更多我国企业"走出去"对外直接投资，结合"一带一路"倡议在相关国家以人民币作为结算货币，将有利于推进人民币的国际化进程；同时，人民币国际化的持续推进，有利于降低与汇率相关的投资风险和金融成本，有利于提升我国企业对外直接投资的竞争优势。当前我国对外直接投资已进入关键成长期，人民币正加速走向国际化，系统全面地研究两者间的互动关系及其政策内涵无疑具有十分重要的理论意义和现实价值。

参 考 文 献

白光裕, 庄芮, 2015. 全球价值链与国际投资关系研究——中国的视角[J]. 国际贸易, (6): 16-20.

毕吉耀, 2016. 新时期扩大对外开放的重点任务[J]. 国际经济评论, (5): 4, 35-38.

宾建成, 刘兰勇, 2011. 中印对外直接投资比较研究[J]. 当代经济管理, 33(4): 76-80.

蔡锐, 刘泉, 2004. 中国的国际直接投资与贸易是互补的吗?——基于小岛清“边际产业理论”的实证分析[J]. 世界经济研究, (8): 64-70.

钞鹏, 2012. 日本企业防控海外投资政治风险的启示[J]. 亚太经济, (6): 65-70.

陈飞翔, 吕冰, 2015. 加快更新国际经济秩序时不我待[J]. 国际贸易, (6): 4-10.

陈继勇, 1996. 美国对外直接投资研究[M]. 武汉: 武汉大学出版社.

陈坚, 2013. 完善中国企业“走出去”政策措施体系之思考[J]. 国际贸易, (10): 25-31.

陈建奇, 2014. 对外直接投资推动产业结构升级: 赶超经济体的经验[J]. 当代经济科学, 36(6): 71-77.

陈立敏, 2010. 贸易创造还是贸易替代——对外直接投资与对外贸易关系的研究综述[J]. 国际贸易问题, (4): 122-128.

陈立敏, 杨振, 侯再平, 2010. 出口带动还是出口代替——中国企业对外直接投资的边际产业战略检验[J]. 财贸经济, (2): 78-85.

陈晓华, 黄先海, 刘慧, 2011. 中国出口技术结构演进的机理与实证研究[J]. 管理世界, (3): 44-56.

陈晓华, 沈成燕, 2015. 出口持续时间对出口产品质量的影响研究[J]. 国际贸易问题, (1): 47-57.

陈岩, 马利灵, 钟昌标, 2012. 中国对非洲投资决定因素: 整合资源与制度视角的经验分析[J]. 世界经济, (10): 91-112.

崔凡, 赵忠秀, 2013. 当前国际投资体制的新特点与中国的战略[J]. 国际经济评论, (2): 108-117.

戴翔, 金碚, 2014. 产品内分工、制度质量与出口技术复杂度[J]. 经济研究, (7): 4-16.

邓富华, 霍伟东, 胡兵, 2017. 市场规模、金融发展与跨境贸易人民币结算[J]. 财经科学, (3): 145-154.

董艳, 张大永, 蔡栋梁, 2011. 走进非洲——中国对非洲投资决定因素的实证研究[J]. 经济学(季刊), 10(2): 675-688.

杜威剑, 李梦洁, 2015. 对外直接投资会提高企业出口产品质量吗——基于倾向得分匹配的变权估计[J]. 国际贸易问题, (8): 112-121.

杜修立, 王维国, 2007. 中国出口贸易的技术结构及其变迁: 1980—2003[J]. 经济研究, (7): 137-150.

敦忆岚, 2014. 新时期中国企业对外投资问题及对策研究[D]. 北京: 中国社会科学院研究生院博士学位论文.

樊纲, 关志雄, 姚枝仲, 2006. 国际贸易结构分析: 贸易品的技术分布[J]. 经济研究, (8): 70-80.

范海君, 2012. 国际直接投资的贸易效应: 一个理论分析框架[J]. 当代经济研究, (3): 70-74.

范剑勇, 冯猛, 2013. 中国制造业出口企业生产率悖论之谜: 基于出口密度差别上的检验[J]. 管理世界, (8): 90-101.

傅朝阳, 陈煜, 2006. 中国出口商品比较优势: 1980—2000[J]. 经济学(季刊), 5(2): 579-588.

顾雪松, 韩立岩, 周伊敏, 2016. 产业结构差异与对外直接投资的出口效应——“中国—东道国”视角的理论与实证[J]. 经济研究, (4): 102-114.

关志雄, 2002. 从美国市场看“中国制造”的实力——以信息技术产品为中心[J]. 国际经济评论, (4): 5-12.

郭惠君, 孙玉琴, 2016. 中国对中亚国家直接投资的出口贸易效应研究[J]. 现代管理科学, (8): 24-26.

国家统计局, 2015. 中国统计年鉴 2015[Z]. 北京: 中国统计出版社.

国家统计局, 2016. 中国统计年鉴 2016[Z]. 北京: 中国统计出版社.

国家统计局, 2018. 中国统计年鉴 2018[Z]. 北京: 中国统计出版社.

海闻, 林德特 P, 王新奎, 2003. 国际贸易[M]. 上海: 上海人民出版社.

海闻, 赵达, 2007. 国际生产与贸易格局的新变化[J]. 国际经济评论, (1): 12-14.

韩会朝, 徐康宁, 2014. 中国产品出口“质量门槛”假说及其检验[J]. 中国工业经济, (4): 58-69.

何帆, 2013. 中国对外投资的特征与风险[J]. 国际经济评论, (1): 34-50.

洪俊杰, 林建勇, 王星宇, 2016. 新常态下“引进外资”与“对外投资”两大战略关系再思考与协调研究[J]. 国际贸易, (3): 22-26.

胡斌, 程慧, 2013. 中国双边投资协定的实践与发展[J]. 国际经济合作, (6): 14-18.

胡兵, 邓富华, 2014. 腐败距离与中国对外直接投资——制度观和行为学的整合视角[J]. 财贸经济, (4): 82-92.

胡兵, 丁祥平, 邓富华, 2015. 中国对非援助能否推动对非投资[J]. 当代经济研究, (1): 67-73.

胡兵, 乔晶, 2009. 中国出口贸易外溢效应的分类检验[J]. 数量经济技术经济研究, (12): 83-95.

胡兵, 乔晶, 2011. 出口贸易与经济增长: 一个出口结构视角[M]. 北京: 科学出版社.

胡兵, 乔晶, 2013. 中国对外直接投资的贸易效应——基于动态面板模型系统 GMM 方法[J]. 经济管理, (4): 11-18.
胡兵, 涂春丽, 2012. 人民币汇率与中国对外直接投资——基于跨国面板数据的实证分析[J]. 当代经济研究, (11): 77-82.
胡兵, 张明, 2011. 加工贸易出口是否促进了生产率增长——基于 Malmquist 指数和动态面板模型的实证分析[J]. 财经科学, (1): 82-90.
胡强, 2015. 中日两国对外直接投资的比较与启示[J]. 北方经贸, (8): 12-14.
黄世席, 2015. 欧盟投资协定中的投资者-国家争端解决机制——兼论中欧双边投资协定中的相关问题[J]. 环球法律评论, (5): 149-160.
江泽民. 2006. 江泽民文选(第二卷)[M]. 北京: 人民出版社.
姜亚鹏, 2011. 中国对外直接投资研究: 制度影响与主体结构分析[D]. 成都: 西南财经大学博士学位论文.
蒋殿春, 张宇, 2008. 经济转型与外商直接投资技术溢出效应[J]. 经济研究, (7): 26-37.
蒋冠宏, 蒋殿春, 2012. 中国对发展中国家的投资——东道国制度重要吗[J]. 管理世界, (11): 45-56.
蒋冠宏, 蒋殿春, 2014. 中国企业对外直接投资的"出口效应"[J]. 经济研究, (5): 160-172.
蒋冠宏, 蒋殿春, 蒋昕桐, 2013. 我国技术研发型外向 FDI 的"生产率效应"来自工业企业的证据[J]. 管理世界, (9): 44-54.
金芳, 2014. 金融危机后国际投资体制的建构特征与中国的应对[J]. 世界经济研究, (4): 65-72.
景光正, 李平, 2016. OFDI 是否提升了中国的出口产品质量[J]. 国际贸易问题, (8): 131-142.
郎丽华, 刘新宇, 2016. 中国对外直接投资对出口规模的影响——基于 2003-2014 年 143 个国家的面板数据模型[J]. 经济与管理研究, (9): 3-9.
李锋, 2016. 我国对外直接投资政策研究[J]. 全球化, (10): 88-98.
李坤望, 2008. 改革开放三十年来中国对外贸易发展评述[J]. 经济社会体制比较, (4): 35-40.
李坤望, 王有鑫, 2013. FDI 促进了中国出口产品质量升级吗?——基于动态面板系统 GMM 方法的研究[J]. 世界经济研究, (5): 60-66.
李坤望, 蒋为, 宋立刚, 2014. 中国出口产品品质变动之谜: 基于市场进入的微观解释[J]. 中国社会科学, (3): 80-103.
李平, 徐登峰, 2008. "走出去"战略: 制度形成与改革展望[J]. 国际经济合作, (5): 4-8.
李荣林, 2002. 国际贸易与直接投资的关系: 文献综述[J]. 世界经济, (4): 44-46.
李小平, 周记顺, 卢现祥, 等, 2015. 出口的"质"影响了出口的"量"吗[J]. 经济研究, (8): 114-128.
李玉梅, 桑百川, 2014. 国际投资规则比较、趋势与中国对策[J]. 经济社会体制比较, (1): 176-188.
李众敏, 2010. 中国对外直接投资管理体制面临的挑战与改革建议[J]. 国际贸易, (10): 57-63.
刘斌, 王杰, 魏倩, 2015. 对外直接投资与价值链参与: 分工地位与升级模式[J]. 数量经济技术经济研究, (12): 39-56.
刘青, 陶攀, 洪俊杰, 2017. 中国海外并购的动因研究——基于广延边际与集约边际的视角[J]. 经济研究, (1): 28-42.
刘仕国, 吴海英, 马涛, 等, 2015. 利用全球价值链促进产业升级[J]. 国际经济评论, (1): 64-84.
刘新宇, 2016. 中国对外直接投资对出口商品结构的影响研究[D]. 北京: 首都经济贸易大学博士学位论文.
刘志彪, 张杰, 2009. 我国本土制造业企业出口决定因素的实证分析[J]. 经济研究, (8): 99-112.
卢锋, 2004. 产品内分工[J]. 经济学（季刊）, 4(1): 55-80.
鲁晓东, 连玉君, 2012. 中国工业企业全要素生产率估计: 1999—2007[J]. 经济学(季刊), 11(2): 541-558.
陆长平, 周云峰, 2016. 对外投资模式、国别与中国产业结构优化[J]. 国际贸易, (7): 49-53.
马振涛, 章文光, 2015. 新形势下中国实施“大规模走出去”的策略调整[J]. 国际贸易, (2): 49-53.
毛其淋, 盛斌, 2013. 贸易自由化、企业异质性与出口动态——来自中国微观企业数据的证据[J]. 管理世界, (3): 48-68.
毛其淋, 许家云, 2014a. 中国对外直接投资促进抑或抑制了企业出口[J]. 数量经济技术经济, (9): 3-21.
毛其淋, 许家云, 2014b. 中国企业对外直接投资是否促进了企业创新[J]. 世界经济, (8): 98-124.
莫莎, 李玲, 2015. 对外直接投资对出口技术复杂度的影响研究[J]. 贵州财经大学学报, (2): 63-73.
欧阳峣, 2006. 基于“大国综合优势”的中国对外直接投资战略[J]. 财贸经济, (5): 57-60.
潘镇, 金中坤, 2015. 双边政治关系、东道国制度风险与中国对外直接投资[J]. 财贸经济, (6): 85-97.
裴长洪, 樊瑛, 2010. 中国企业对外直接投资的国家特定优势[J]. 中国工业经济, (7): 45-54.
蒲红霞, 2015. 外贸新形势下出口国内技术复杂度影响因素研究——来自中国工业行业的实证检验[J]. 国际经贸探索, (11): 16-29.
乔晶, 胡兵, 2014. 中国对外直接投资: 过度抑或不足[J]. 数量经济技术经济研究, (7): 38-51.
乔晶, 胡兵, 2015. 对外直接投资如何影响出口——基于制造业企业的匹配倍差检验[J]. 国际贸易问题, (4): 126-136.
邱斌, 叶龙凤, 孙少勤, 2012. 参与全球生产网络对我国制造业价值链提升影响的实证研究——基于出口复杂度的分析[J]. 中国工业经济, (1): 57-67.
邱黎黎, 2005. 我国内、外向直接投资的发展及其对国际贸易的影响[J]. 重庆教育学院学报, (5): 16-19.

盛斌, 2015. 建设国际经贸强国的经验与方略[J]. 国际贸易, (10): 4-14.
盛斌, 钱学锋, 黄玖立, 等, 2011. 入世十年转型: 中国对外贸易发展的回顾与前瞻[J]. 国际经济评论, (5): 84-101.
施炳展, 2013. 中国企业出口产品质量异质性: 测度与事实[J]. 经济学季刊, 13(1): 263-284.
施炳展, 邵文波, 2014. 中国企业出口产品质量测算及其决定因素——培育出口竞争新优势的微观视角[J]. 管理世界, (9): 90-106.
石静霞, 2015. 国际贸易投资规则的再构建及中国的因应[J]. 中国社会科学, (9): 128-145.
宋泓, 2010. 未来 10 年中国贸易的发展空间[J]. 国际经济评论, (4): 55-64.
孙少勤, 邱斌, 2010. 制度因素对中国制造业 FDI 技术溢出效应的影响研究[J]. 世界经济与政治论坛, (2): 23-33.
唐海燕, 张会清, 2009. 产品内国际分工与发展中国家的价值链提升[J]. 经济研究, (9): 81-92.
王碧珺, 2013. 被误读的官方数据——揭示真实的中国对外直接投资模式[J]. 国际经济评论, (1): 61-74.
王宏新, 2011. "十二五"时期我国对外直接投资管理体制创新的政策建议[J]. 国际贸易, (2): 46-48.
王洪亮, 徐霞, 2003. 日本对华贸易与直接投资的关系研究(1983—2001)[J]. 世界经济, (8): 28-37.
王杰, 刘斌, 孙学敏, 2016. 对外直接投资与企业出口行为——基于微观企业数据的经验研究[J]. 经济科学, (1): 89-101.
王丽华, 2002. 日本八十年代以来对外投资对经济的负面影响[J]. 日本问题研究, (2): 41-44.
王恕立, 向姣姣, 2014. 创造效应还是替代效应——中国 OFDI 对进出口贸易的影响机制研究[J]. 世界经济研究, (6): 66-72.
王铁栋, 王莉丽, 2010. 关于我国对外直接投资管理框架的思考[J]. 国际贸易, (11): 54-58.
王迎新, 2003. 论海外直接投资与贸易的关系[J]. 财贸经济, (1): 80-85.
王永进, 盛丹, 施炳展, 等, 2010. 基础设施如何提升了出口技术复杂度[J]. 经济研究, (7): 103-113.
王玉燕, 林汉川, 吕臣, 2014. 全球价值链嵌入的技术进步效应——来自中国工业面板数据的经验研究[J]. 中国工业经济, (9): 65-77.
卫平, 冯春晓, 2010. 中国出口商品结构高度化的影响因素研究——基于省际面板数据的实证检验[J]. 国际贸易问题, (10): 24-31.
项本武, 2009. 中国对外直接投资的贸易效应研究——基于面板数据的协整分析[J]. 财贸经济, (4): 77-82.
谢康, 于蕾, 2003. "引进来"与"走出去"相结合的中国对外投资战略[J]. 世界经济研究, (6): 12-16.

谢孟军, 2015. 政治风险对中国对外直接投资区位选择影响研究[J]. 国际经贸探索, (9): 66-79.
薛荣久, 杨凤鸣, 2014. 国际经贸规则续构热潮与中国应对[J]. 国际贸易, (12): 4-13.
杨高举, 黄先海, 2013. 内部动力与后发国家分工地位升级——来自中国高技术产业的证据[J]. 中国社会科学, (2): 25-45.
杨广贡, 杨正位, 2015. 全球经贸体系重塑的动因、趋势和对策[J]. 国际经济评论, (1): 121-130.
杨宏华, 胡瑞平, 2012. 优化中国出口贸易结构走向贸易强国之路[J]. 经济研究参考, (45): 64-68.
杨立强, 卢进勇, 程晓青, 2017. 日本20世纪80年代末海外并购经验与教训分析[J]. 国际贸易, (4): 57-61.
杨汝岱, 姚洋, 2008. 有限赶超与经济增长[J]. 经济研究, (8): 29-40.
杨长湧, 2011. 美国对外直接投资的历程、经验及对我国的启示[J]. 经济研究参考, (22): 44-51.
姚洋, 张晔, 2008. 中国出口品国内技术含量升级的动态研究——来自全国及江苏省、广东省的证据[J]. 中国社会科学, (2): 67-82.
姚洋, 章林峰, 2008. 中国本土企业出口竞争优势和技术变迁分析[J]. 世界经济, (3): 3-11.
姚枝仲, 李众敏, 2011. 中国对外直接投资的发展趋势与政策展望[J]. 国际经济评论, (2): 127-140.
衣长军, 苗权芳, 2012. "十二五"时期我国对外直接投资战略研究[J]. 宏观经济研究, (3): 61-68.
殷德生, 2011. 中国入世以来出口产品质量升级的决定因素与变动趋势[J]. 财贸经济, (11): 31-38.
尹东东, 张建清, 2016. 我国对外直接投资逆向技术溢出效应研究——基于吸收能力视角的实证分析[J]. 国际贸易问题, (1): 109-120.
尹音频, 高瑜, 2009. 中国对外直接投资宏观政策效应的实证分析与思考[J]. 山东经济, (5): 121-126.
余官胜, 林俐, 2015. 企业海外集群与新晋企业对外直接投资区位选择——基于浙江省微观企业数据[J]. 地理研究, (2): 364-372.
余淼杰, 2010. 中国的贸易自由化与制造业企业生产率[J]. 经济研究, (12): 97-109.
余永定, 肖立晟, 2017. 解读中国的资本外逃[J]. 国际经济评论, (5): 97-115.
俞毅, 万炼, 2009. 我国进出口商品结构与对外直接投资的相关性研究——基于VAR模型的分析框架[J]. 国际贸易问题, (6): 96-104.
张斌, 王雅琦, 邹静娴, 2017. 从贸易数据透视中国制造业升级[J]. 国际经济评论, (3): 13-27.
张纪凤, 黄萍, 2013. 替代出口还是促进出口——我国对外直接投资对出口的影响研究[J]. 国际贸易问题, (3): 95-103.
张杰, 郑文平, 翟福昕, 2014. 中国出口产品质量得到提升了么[J]. 经济研究, (10):

46-58.
张婧, 2000. 我国高新技术产品出口的现状与政策建议[J]. 国际贸易问题, (12): 5-9.
张敬之, 2015. 人民币国际化与对外直接投资互动关系视角下的对外直接投资政策研究[D]. 南昌: 江西财经大学博士学位论文.
张默含, 2014. 中国对外直接投资: 总体趋势与政策变迁[J]. 经济研究参考, (64): 60-65.
张平, 张晓通, 2013. 美欧构建跨大西洋自贸区有关情况及应对[J]. 国际贸易, (7): 41-46.
张如庆, 2005. 中国对外直接投资与对外贸易的关系分析[J]. 世界经济研究, (3): 23-27.
张晓兰, 2017. 应客观认识当前我国对外投资热潮[J]. 经济纵横, (3): 34-40.
张应武, 2007. 对外直接投资与贸易的关系: 互补或替代[J]. 国际贸易问题, (6): 87-92.
张宗斌, 沈明伟, 2011. 中国对外直接投资理论述评[J]. 人民论坛, (2): 138-139.
张宗益, 郑志丹, 2012. 融资约束与代理成本对上市公司非效率投资的影响——基于双边随机边界模型的实证度量[J]. 管理工程学报, (2): 119-125.
章元, 陈钊, 陆铭, 2002. 战略性贸易理论的发展与局限[J]. 经济学动态, (2): 66-70.
赵爱清, 2005. 国际贸易理论发展的内在逻辑及方向[J]. 当代财经, (6): 104-107.
赵景峰, 2008. 中国外贸发展: 总量、结构与竞争力的分析[J]. 国际贸易, (7): 11-15.
赵伟, 2007. 中国企业国际化: 全球的与历史的视点[J]. 国际经济合作, (2): 55-59.
郑展鹏, 刘海云, 2012. 体制因素对我国对外直接投资影响的实证研究——基于省际面板的分析[J]. 经济学家, (6): 65-71.
中华人民共和国商务部, 国家统计局, 国家外汇管理局, 2018. 2017 年度中国对外直接投资统计公报[Z]. 北京: 中国统计出版社.
周华, 2007. 汇率波动对外商直接投资的影响——基于知识资本模型从产业角度的实证检验[J]. 数量经济技术经济研究, (4): 53-64.
周经, 刘厚俊, 2015. 制度距离、人力资源与跨国企业对外投资模式选择[J]. 财贸研究, (1): 73-79.
周经, 张利敏, 2014. 制度距离、强效制度环境与中国跨国企业对外投资模式选择[J]. 国际贸易问题, (11): 99-108.
朱廷, 2004. 当代国际贸易理论创新的若干特征[J]. 国际贸易问题, (2): 89-95.
宗芳宇, 2016. 中国对外直接投资的发展趋势与战略重点[J]. 国家治理, (10): 27-34.
宗芳宇, 路江涌, 武常岐, 2012. 双边投资协定、制度环境和企业对外直接投资区位选择[J]. 经济研究, (5): 71-81.
邹全胜, 2005. 美国对外直接投资的演变及其影响[J]. 世界经济与政治论坛, (1): 46-50.
Adler M, Stevens G, 1974. The trade effects of direct investment[J]. Journal of Finance, 29(2): 655-676.
Aitken B, Harrison A E, 1999. Do domestic firm benefit form direct foreign investment? Evidence from Venezuela[J]. American Economic Review, 89: 605-618.
Amiti M, Freund C, 2007. An Anatomy of China’s Trade Growth[R]. Paper Presented for the Trade Conference, IMF.
Amiti M, Khandelwal K, 2013. Import competition and quality upgrading[J]. Review of Economics and Statistics, 95(2): 476-490.

Antras P, 2003. Firms, contracts, and trade structure[J]. Quarterly Journal of Economics, 118(4): 1375-1418.

Backer K D, Sleuwaegen L, 2003. Does foreign direct investment crowd out domestic entrepreneurship[J]. Review of Industrial Organization, 22 (1): 67-84.

Barton D, Huang R, 2007. Governing China's boards: an interview with John Thornton[J]. McKinsey Quarterly, (1): 99-107.

Bergsten C F, 1974. Coming investment wars[J]. Foreign Affairs, (53): 136-139.

Bhagwati J, Brecher R, Dinopoulos E, et al., 1986. Quid pro quo foreign investment and welfare: a political-economy-theoretic model[J]. Journal of Development Economics, 27(1-2): 127-138.

Bhagwati J, Dinopoulos E, Wong K, 1992. Quid pro quo foreign investment[J]. American Economic Review, (2): 186-190.

Blonigen B A, 2001. In search of substitution between foreign production and exports[J]. Journal of International Economics, 53 (1): 81-104.

Brainard S L, 1993. A Simple Theory of Multinational Corporations and Trade with a Trade-off between Proximity and Concentration[R]. NBER Working Paper No. 4269.

Brainard S L, 1997. An empirical assessment of the proximity-concentration trade-off between multinational sales and trade[J]. American Economic Review, 87(4): 520-544.

Branstetter L, Lardy N, 2006. China's Embrace of Globalization[R]. NBER Working Paper No. 12373.

Buckley P J, Casson M C, 1976. The Future of Multinational Enterprise[M]. London: Macmillan.

Buckley P J, Clegg L, Cross A, et al. , 2007. The determinants of Chinese outward foreign direct investment[J]. Journal of International Business Studies, 38(4): 499-518.

Cantwell J, 2000. A survey of theories of international production[A]//Pitelis C N, The Nature of Transnational Firm. Routledge: London: 21-46.

Cantwell J, Tolentino P E, 1990. Technological Accumulation and Third World Multinationals[R]. Discussion Papers in International Investment and Business Studies, No. 139.

Caves R E, 1971. International corporations: the industrial economics of foreign investment[J]. Economica, (38): 1-27.

Caves R E, 1974. Multinational firms, competition and productivity in host country markets[J]. Economica, (41): 176-193.

Cheng L, Kwan K, 2000. What are the determinants of the location of foreign direct investment? The Chinese experience[J]. Journal of International Economics, 51(2): 379-400.

Cozza C, Rabellotti R, Sanfilippo M, 2015. The impact of outward FDI on the performance of Chinese firms[J]. China Economic Review, (36): 42-57.

Dinopoulos E, 1989. Quid pro quo foreign investment[J]. Economics and Politics, 1(2):

145-160.

Dorling P, 2011-03-03. Laws "Aimed to Limit" Chinese Investments[N]. Sydney Morning Herald, p1.

Dunning J H, 1977. Trade, location of economic activity and the multinational enterprise: a search for an eclectic approach[A]//Ohlin B, Hesselborn P, Wijkman P, The International Allocation of Economic Activity. London: MacMillan: 395-418.

Dunning J H, 1981. Explaining the international direct position of countries: towards a dynamic or development approach[J]. Weltwirtschaftliches Archiv, 117(1): 30-64.

Dunning J H, 2009. Location and the multinational enterprise: a neglected factor[J]. Journal of International Business Studies, 29(1): 45-66.

Eicher T, Helfman L, Lenkoski A, 2012. Robust FDI determinants: Bayesian model averaging in the presence of selection bias[J]. Journal of Macroeconomics, 34(3): 637-651.

Fajgelbaum P, Grossman G, Helpman E, 2011. Income distribution, product quality, and international trade[J]. Journal of Political Economy, 119(4): 721-765.

Gereffi G, Tam T, 1998. Industrial Upgrading through Organizational Chains: Dynamics of Rent, Learning-by-doing, and Mobility in the Global Economy[R]. Paper presented at the 93rd Annual Meeting of the American Sociological Association, San Francisco, CA.

Gopinath M, Pick D, Vasavada U, 1999. The economics of foreign direct investment and trade with an application to U. S. food processing industry[J]. American Journal of Agriculture Economics, 81(2): 442-452.

Gorg H, Greenaway D, 2004. Much ado about nothing? Do domestic firms really benefit from foreign direct investment[J]. World Bank Research Observer, 19 (2): 171-197.

Gray J, Dawn F, 1998. The Delusions of Global Capitalism[M]. London: Granta: 146-152.

Hausmann R, Hwang J, Rodrik D, 2005. What you export matters[J]. Journal of Economic Growth, 12(1): 1-25.

Head K, Ries J, 2003. Heterogeneity and the FDI versus export decision of Japanese manufacturers[J]. Journal of the Japanese and International Economies, 17(4): 448-467.

Heckscher E F, 1919. The Effect of Foreign Trade on the Distribution of Income[M]. Philadelphia: Blakiston.

Helpman E, 1984. The factor content of foreign trade[J]. The Economic Journal, 94: 84-94.

Helpman E, 1985. Multinational corporations and trade structure[J]. The Review of Economics Studies, 52(3): 443-457.

Helpman E, Krugman P, 1985. Market Structure and Foreign Trade: Increasing Returns, Imperfect Competition, and the International Economy[M]. Cambridge, Mass: MIT Press.

Helpman E, Melitz M, Yeaple S R, 2004. Export versus FDI with heterogeneous firms[J]. American Economic Review, 94(1): 300-316.

Hummels D, Klenow P, 2005. The variety and quality of a nation's exports[J]. American Economic Review, 95(3): 704-723.

Humphrey J, Schmitz H, 2000. Governance and Upgrading: Linking Industrial Cluster and

Global Value Chain Research [R] . IDS Working Paper No. 120.
Hymer S, 1960. The International Operations of National Firms: A Study of Direct Investment[D]. Ph. D. thesis, MIT (published by MIT Press under the same title in 1976).
Johnson H G, 1970. The Efficiency and welfare implications of the international corporation[A]//Kindleberger C P. The International Corporation. A Symposium. Cambridge: Mass: 35-56.
Johnson H G, Grubel H G, 1967. Nominal tariff rates and United States valuation practices: two case studies[J]. The Review of Economics and Statistics, 49(2): 138-142.
June-Dong K, In-Soo K, 1997. Outward FDI and exports: the case of South Korea and Japan[J]. Journal of Asian Economics, 8(1): 38-42.
Kaplinsky R, 2001. Is globalization all it is cracked up to be[J]. Review of International Political Economy, 8(1): 45-65.
Kindleberger C, 1969. American Business Abroad[M]. New Haven, CT: Yale University Press.
Kindleberger C, 1975. The rise of free trade in Western Europe, 1820-1875[J]. Journal of Economic History, 35: 20-55.
Kinoshita Y, 2001. R&D and Technology Spillovers Through FDI: Innovation and Absorptive Capacity[R]. CEPR Discussion Paper 2775.
Kojima K, 1978. Direct Foreign Investment: A Japanese Model of Multinational Business Operations[M]. London: Croom Helm.
Kolstad I, Wiig A, 2012. What determines Chinese outward FDI[J]. Journal of World Business, 47(1): 26-34.
Krugman P, 1979. Increasing returns, monopolistic competition and international trade[J]. Journal of International Economics, 9(4): 469-479.
Krugman P, 1996. Pop Internationalism[M]. Cambridge, Mass: MIT Press.
Kumbhakar S, Lovell C, 2000. Stochastic Frontier Analysis[M]. New York: Cambridge University Press.
Kumakura M, 2007. What's So special about China's exports? A comment[J]. China and World Economy, 15(5): 18-37.
Kumbhakar S, Parmeter C, 2009. The effects of match uncertainty and bargaining on labor market outcomes: evidence from firm and worker specific estimates[J]. Journal of Productivity Analysis, 31(1): 1-14.
Lall S, 1983. The rise of multinationals from the third world[J]. Third World Quarterly, (5): 618-626.
Lall S, 1985. The new multinationals: the spread of third world enterprises[J]. Journal of Development Economics, 19(1-2): 210-213.
Lall S, Albaladejo M, 2004. China's competitive performance: a threat to East Asian manufactured exports[J]. World Development, 32(9): 1441-1466.
Lall S, Weiss J, Zhang J, 2006. The "Sophistication" of exports: a new trade measure[J].

World Development, 34(2): 222-237.

Leontief W, 1953. Domestic production and foreign trade: the American capital position re-examined[J]. Proceedings of the American Philosophical Society, 97: 332-349.

Lipsey R E, 1994. Outward Direct Investment and the US Economy[R]. NBER Working Paper 4691.

Lipsey R E, Weiss M Y, 1981. Foreign production and exports in manufacturing industries[J]. Review of Economics and Statistics, 63(4): 488-494.

Lipsey R E, Weiss M Y, 1984. Foreign production and exports of individual firms[J]. Review of Economics and Statistics, 66(2): 304-308.

Lian Y, Chung C, 2008. Are Chinese Listed Firms Over-Investing[R]. Available at SSRN: http://ssrn.com/abstract=1296462[2009-02-10].

Linder S B, 1961. An essay on trade and transformation[J]. Journal of Political Economy, (1): 171-172.

Markusen J R, 1983. Factor movement and commodity trade as complements[J]. Journal of International Economics, 14(3-4): 341-356.

Markusen J R, 1984. Mulitinationals, multiplant economies and the gains from trade[J]. Journal of International Economics, 16(3-4): 205-226.

Markusen J R, 1985. Multinational Firms and the Theory of International Trade[M]. Cambridge, MA: The MIT Press.

Markusen J R, Svensson L E O, 1985. Trade in goods and factor with international differences in technology[J]. International Economic Review, 26(1): 175-192.

Markusen J R, Venables A J, 1996. The increased importance of direct investment in north atlantic economic relationships: a convergence hypothesis[A]//Canzoneri M, Ethier W, Grilli V, The New Transatlantic Economy. London: Cambridge University Press: 169-190.

Markusen J R, Venables A J, Konan D E, et al., 1996. A Unified Treatment of Horizontal Direct Investment, Vertical Direct Investment, and the Pattern of Trade in Goods and Services[R]. NBER Working Paper, No. 5696.

Melitz M J, 2003. The impact of trade on intra-industry reallocations and aggregate industry productivity[J]. Econometrica, 71(6): 1695-1725.

Michaely M, 1984. Trade, Income Levels, and Dependence[M]. Amsterdam: North-Holland.

Michael A, Stevens G V G, 2012. The trade effects of direct investment[J]. The Journal of Finance, 29(2): 655-676.

Mundell R A, 1957. International trade and factor mobility[J]. American Economic Review, 47(3): 321-335.

Murphy K, Shleifer A, 1997. Quality and trade[J]. Journal of Development Economics, 53(1): 1-15.

Naughton B, 2007. The Chinese Economy: Transitions and Growth[M]. Cambridge, Massachusetts: MIT Press.

Ohlin B, 1933. Interregional and International Trade[M]. Cambridge, MA: Harvard

University Press.

Ozawa T, 1979. International investment and industrial structure: new theoretical implications from the Japanese experience[J]. Oxford Economic Papers, 31(1): 72-92.

Pack H, Saggi K, 2001. Vertical technology transfer via international outsourcing[J]. Journal of Development Economics, 65(2): 389-415.

Pain N, Wakelin K, 1998. Export performance and the role of foreign direct investment[J]. Manchester School of Economic and Social Studies, 66(33): 62-79.

Posner M V, 1961. International trade and technical change[J]. Oxford Economic Papers, (13): 323-341.

Pula G, Santabdrbara D, 2011. Is China Climbing up the Quality Ladder[R]. European Central Bank Working Paper Series, No. 1310.

Purvis D D, 1972. Technology, trade and factor mobility[J]. Economic Journal, 82(327): 991-999.

Ramasamy B, Yeung, M, Laforet S, 2012. China's outward foreign direct investment: location choice and firm ownership[J]. Journal of World Business, 47(1): 17-25.

Rodrik D, 2006. What is so special about China's exports[J]. China and World Economy, 14(5): 1-19.

Rosenbaum P R, Rubin D B, 1985. Constructing a control group using multivariate matched sampling methods that incorporate the propensity score[J]. American Statistician, 39(1): 33-38.

Rugman A M, 1981. Inside the Multinationals: The Economics of International Markets[M]. London: Croom Helm.

Schmitz A, Helmberger P, 1970. Factor mobility and international trade: the case of complementarity[J]. American Economic Review, 60(4): 761-767.

Schott P K, 2008. The relative sophistication of Chinese exports[J]. Economic Policy, 51(1): 5-49.

Subramanian A, Kessler M, 2013. The hyperglobalization of trade and its future[J]. Social Science Electronic Publishing, 27(2): 319-341.

Swenson D L, 2004. Foreign investment and mediation of trade flows[J]. Reviews of International Economics, 12(4): 609-629.

UNCTAD, 2013. World investment report: global value chains, investment and trade for development[Z]. Geneva: United Nations Publication.

UNCTAD, 2016. World investment report: investor nationality and policy challenges[Z]. Geneva: United Nations Publication.

Vernon R, 1966. International investment and international trade in the product cycle[J]. Quarterly Journal of Economics, 80(2): 190-207.

Wang Z, Wei S J, 2008. What Accounts for the Rising Sophistication of China Exports[R]. NBER Working Paper, No. 13771.

Wells L T, 1977. The internationalization of firms from developing countries[A]//Agmon T,

Kindleberger C P, Multinationals from Small Countries. Cambridge, MA: MIT Press: 133-156.

Wells L T, 1983. Third World Multinationals: The Rise of Foreign Investment from Developing Countries[M]. Cambridge, MA: MIT Press.

Xu B, 2010. The sophistication of exports: is China special[J]. China Economic Review, 21(3): 482-493.

Xu B, Lu J Y, 2009. Foreign direct investment, processing trade, and the sophistication of China's export[J]. China Economic Review, 20(3): 425-439.

Yeaple S R, 2009. Firm heterogeneity and the structure of US multinational activity[J]. Journal of International Economics, 78(2): 206-215.

Yu M, 2015. Processing Trade, tariff reductions and firm productivity: evidence from Chinese firms[J]. The Economic Journal, 125(585): 943-988.